时刻关注

二战经典战役纪实

鹰击不列颠

THE BATTLE OF BRITAIN

二战经典战役编委会·编译

中国铁道出版社有限公司

CHINA RAILWAY PUBLISHING HOUSE CO., LTD.

前　言　鹰击不列颠

The Battle of Britain

　　1940 年 7 月至 10 月，爆发了一场在空中进行的著名战役——不列颠之战。不列颠之战是英国与德国侵略者对抗的必然结果。在德国威廉皇帝发动的第一次世界大战中，英国居民第一次尝到了空袭的滋味。自那以后，皇家空军一直在调配部署兵力，以防空袭再次重演。开始是防止来自法国的袭击，1930 年是防御来自德国本土的威胁。尽管希特勒野心的真正意图还隐藏在云雾之中，但英国防空部队在战争爆发前的最后几个月里发展得很快。然而，就连最自信的预言家也未能预测到灾难是如此巨大，1940 年 5 月到 6 月，法国和一些低地国家纷纷沦陷。在两个月内，世界上最强大的空军一举战胜了六七个国家，却几乎没有受到什么挫折。

　　法国败降后，依照希特勒的意图，下一个征服目标应是苏联了。但他在回头向东进攻之前，必须保持西线的平静。当时英伦三岛在其首相丘吉尔的领导下，并没有放弃抵抗的念头。而希特勒在 1939 年秋决定向西欧发动攻势时，却并未想到入侵英国的问题，他天真地相信法国一旦被击败后，英国就会接受和谈。于是他从 1940 年 6 月中旬到 7 月中旬频频向英国人摇晃橄榄枝，还通过瑞典和梵蒂冈教廷向伦敦做出和平试探。但他听到的回答始终是一个坚决的"不"字。

　　丘吉尔断然拒绝妥协的态度使希特勒有点进退两难。他念念不忘进攻苏联，对英国既不想打又不能不打，看来还是要先打一下逼其讲和，然后再转身攻苏。于是，对英作战计划开始形成，这个计划被定名为"海狮"作战计划。1940 年 7 月 16 日，希特勒发布训令："由于英国尽管在军事形势上已是毫无希望，可是一直到目前为止，却仍未表示愿意妥协，所以我决定准备对英国执行一个登陆战……这个作战计划的目的是要消灭大不列颠这个基地，使敌人不再能从此发动对德国的战争。"

　　德国约有 3,000 架飞机，部署在挪威到西班牙海岸一线。相比之下，英国战斗机司令部在 7 月初只有 50 个中队的兵力，装备的许多飞机在从法国的撤退中和在敦刻尔克的空战中受到严重损伤。然而，英国已建立了很好的防空体系，在和平时期，国家扶植了一支强大的飞机制造工业，新战斗机像流水一样源源不断地送交部队。英

国建立了一个科学的防空网，空军中将道丁是其卓越的设计师。机场分布适当，并配有严密的空袭预报系统和战斗机控制系统。防空系统中最关键的是雷达网，当时英国的雷达网比世界上任何雷达网都先进得多，已形成一个综合体系，使战斗力不强的战斗机中队能够有效地使用兵力。

战争开始时，希特勒希望实施"海狮"登陆作战计划，然时机不够成熟，在实战不利后，德军又实施"鹰日"计划，对英伦三岛实施全面轰炸，但始终没有令不列颠屈服，最终反而使英国人民愈战愈勇，最终不得不停止对不列颠的轰炸，实际是承认不列颠战役的失败。希特勒见英国空军仍未被击败，而且比过去还显得更为活跃，同时天气的情况也已经不可靠，于是决定把"海狮"作战计划无限期地延迟下去。这场"二战"史上历时最长、规模最大的空战到此结束，据不完全统计，在1940年7月开始的"不列颠之战"中，德国空军总共向英国投掷了6万吨炸弹，造成14.7万平民伤亡，100多万幢房屋被毁。与希特勒的打算正相反，德国空军恐怖的轰炸非但没有打垮英国民众的斗争精神，反而使全体民众空前团结，同仇敌忾。而且，在这场战争中德国空军损失了1,733架飞机，近600名飞行员；英国损失作战飞机915架，飞行员414名。英军以915架飞机的代价击毁了1,733架德机。此战的结果是促使希特勒在没有把不列颠完全逐出战争之前，即先回头来对付苏联，德国重走两线作战的老路。

当时，由于战争中还有许多问题悬而未决，因此，不列颠之战的作用与其说是挫伤了纳粹侵略者的锐气，倒不如说是英国保卫自由世界的决心没有动摇。但是德国空军并没有被消灭，它仍然存在，这使人们不可能用传统的方式在胜利者和失败者之间划一条明显的界线。然而，即使随着岁月的流逝，英国皇家空军飞行员的辉煌战绩也是磨灭不了的。任何理论家所作的学术分析都不能忽视这样一个事实，即英国空军仅以相当于一个步兵旅或一艘战舰乘员的兵力，保卫了整个英国免遭德国的入侵。

战役备忘

The Battle of Britain

丘吉尔 | Winston Churchill

在人类战争的历史上，从来没有过这么少的人（飞行员）对这么多的人（英国民众）作过这么大的贡献！

道 丁 | Sir Hugh Dowding

如果在国内保持一支足够的战斗机队伍，如果皇家海军的损失不算太大，如果地面上抵挡侵略的部队组织得当，我们也应该能单枪匹马地打一段时间，即使不能永远打下去。

罗斯福 | Franklin Roosevelt

合众国眼前最有效的防御就是大不列颠成功地保卫他自己。

希特勒 | Adolf Hitler

英国空军仍然丝毫未被击败，我们空军所做的一切看来都无济于事。

★ 战争结果

英国共击落德国飞机 1,733 架，击伤约 700 架。英国空军损失飞机 900 余架，被炸死炸伤居民 14.7 万余人，被毁房屋超过 100 万幢。不列颠之战是德军在第二次世界大战中首次失败的战役。德国不仅没有达到彻底征服英国，为主宰整个欧洲扫除障碍的战役目的，而且使英国从此成为日后欧洲抵抗运动和盟国反攻欧洲大陆的基地。

★ 战役之最

a. "二战"中规模最大的空战。

b. 希特勒发动战争以来首次遭遇失败的战役。

c. "二战"投入和损失战机最多的战役。

★ **作战时间**

1940 年 7 月至 1941 年 5 月。

★ **作战地点**

英国本土及英吉利海峡上空。

★ **作战国家**

★ **作战将领**

道丁 | Sir Hugh Dowding

英国空军上将，1936 年任战斗机部队司令，晋升为空军上将。1940 年不列颠之战爆发时，他已 58 岁高龄，被戏称为皇家空军的"古董"。但道丁的思想却一点也不陈旧，他对新军事技术十分敏感，致力于雷达和新式战斗机的研制，并积极探索运用的方法。道丁的指挥，成为英国取得不列颠之战胜利的重要因素。1942 年退出现役，次年受封男爵。

英国

共有 4 个空军航空队。第 10 航空队下辖 4 个中队，有战斗机 48 架；第 11 航空队下辖 22 个中队，有战斗机 228 架；第 12 航空队下辖 14 个中队，有战斗机 168 架；第 13 航空队下辖 14 个中队，有战斗机 168 架。

戈林 | Herman William Goering

法西斯德国帝国元帅，1933 年希特勒掌握政权后，任普鲁士总理兼内政部长、航空部长，凭借其过人的精力和毒辣的手段，很快就成为希特勒最得力的干将。1935 年德国正式建立空军后，任空军总司令。1938 年晋升为空军元帅。1939 年被宣布为希特勒的继承人。1940 年晋升为独一无二的帝国元帅。1946 年被纽伦堡国际军事法庭判处死刑，在临刑前自杀身亡。

德国

空军第 2 和第 3 航空队，共有轰炸机 1,232 架、俯冲轰炸机 406 架、远程侦察机 65 架、战斗机 1,095 架；第 5 航空队拥有轰炸机 138 架、远程侦察机 48 架、战斗机 37 架。

★ **战争意义**

不列颠战役是人类战争史上首次空战战役，证明了战略性的大规模空袭将直接影响战争的进程，显示出制空权在现代化战争中的重要地位，并证明了防空的战略意义。该战役打响的时候，几乎无人否认它是人类战争史上科技含量最高的一次战役。由于不列颠战役的胜利，英国得以保存军事上的优势，而后，继续同纳粹德国抗争，把德军拖入了致命的长期持久战，最后英国成为日后英美反攻欧洲大陆的跳板，使德军陷入了两线作战的困境。

英空军战斗机兵团
HQ 兵团司令部
G 连队本部
战区指挥所
战斗机队指挥所
低空雷达基地
高空雷达基地
兵团战区分界线
爆炸地

德军空军基地
轰炸机
俯冲轰炸机
战斗机
重型战斗机
战区分界线

0　　　　　150 公里

福思湾

格拉斯哥　爱丁堡

第 5 航空队
（来自挪威、丹麦）

纽卡斯尔
第 13 战斗机大队

苏格兰

贝尔法斯特

米德尔斯伯勒

低空雷达的在效
范围（165 米高度）

高空雷达的有效
范围（4500 米高度）

赫尔

利物浦

曼彻斯特　施菲尔德

诺丁汉
第 12 战斗机大队

诺里奇

斯温西

伊威斯威奇　马特尔沙姆

加的夫

诺索尔特　伦敦

鹿特丹

布里斯托尔

第 11 战斗机大队

北威尔德

霍里彻奇

比京山

安特卫普

第 10 战斗机大队

肯莱　西莫林

罗彻斯特

泰晤士河口

曼斯顿

比　　利　　时

埃克塞特

南安普敦

林普尼　霍查格

加来

里尔

普利茅斯

朴次茅斯

文特讷尔

加来

第 3 航空队

亚眠

英　　吉　　利　　海　　峡

法

国

勒阿弗尔

巴黎

第 2 航空队

目 录 | 鹰击不列颠

The Battle of Britain

第五章　七月海峡志未酬

事实上，纳粹德国在 6 月初就以一小部分兵力开始了对英国的试探性轰炸……但英国空军的顽强抵抗使"海狮"计划尚未付诸实施即遭到挫折……

第六章　鹰袭失败瞒戈林

希特勒命令德国空军"尽可能快地消灭敌人的空军"。并建议可以在 8 月 5 日开始行动，具体日期让戈林和他的将军们根据情况自行决定。最后确定为 8 月 13 日上午开始行动……

第七章　黑色星期四

8 月 15 日，英吉利海峡天气晴朗温和，海面上撒布着一层薄雾，北海上空碧空如洗。这是夏日里难得的一个好天气，也是空军出动的最好时机……

第八章　伦敦空战陷阱

9 月初，柏林的空军部颁布了夺取英格兰南部空中优势的最后阶段计划……

第九章　历史铭记的一天

在英国，每年的 9 月 15 日都是作为"不列颠战役日"来进行庆祝的……

第十章　技术优势真英雄

在 1940 年不列颠之战打响的时候，几乎没有人否认它是人类战争史上科技含量最高的一次战役……

第十一章　制空权决定一切

不列颠空战廓清了战前空军理论的许多问题，夺取制空权就是胜利，意大利军官杜黑曾经预言："制空权决定一切"……

▲ 在诺曼底海滩，负责运送英法士兵的舰艇上挤满了士兵。

CHAPTER ONE

第一章

敦刻尔克大撤退

　　1940 年 5 月，欧洲西部大陆像往常一样充满明媚欢乐的春意，到处是葱郁的草地和盛开的鲜花……

　　突然，一场可怕的暴风雨猛烈侵袭荷兰、比利时、卢森堡和法国大地，猝不及防的灾难打碎了西欧人民宁静的生活。5 月 10 日，纳粹德国的武装力量倾巢而出，向着荷兰人、比利时人、卢森堡人和法国人，向着部署在法国领土上的英国远征军，凶猛地扑了过来。第二次世界大战的西欧战局，由此拉开帷幕。

No.1 "镰割"计划

上帝似乎很喜欢和人类开一些玩笑，比如说，如果人类太安宁的话，就来点灾难。

而希特勒的降临就意味着灾难的开始。

如果搞一次世界恶人选举的话，希特勒无疑是首选。

1939 年 9 月 1 日，希特勒在他上台不久后就发动了入侵波兰的战争。

然而希特勒的野心并未至此结束，其扩大德国版图的欲壑是难以用波兰填满的。在德军入侵波兰的胜利基本定局时，他又将目光投向西欧。1939 年 9 月 12 日，他对其副官说：法国很快会被征服，然后迫使英国议和。10 月 27 日，在柏林召开的一次会议上，他又说：时间拖长对德国不利，我打算在近期进攻西欧。

但是希特勒感到他的将领们对进攻西欧的疑虑很大，这将会影响到德军的作战。为增强将领们的信心，希特勒于 11 月 23 日就战争发展形势和目标发表了一次演讲。他声称，67 年以来，德国第一次可以不在两线作战；由于苏联的削弱、苏德条约的签订和美国的中立，苏美两国目前不构成威胁；与英法相比，德军在现役部队、空军、装甲兵和炮兵等方面占有很大优势；总之，目前是有利时机，6 个月后则可能丧失这种时机。

希特勒的三寸不烂之舌并没有使部属们增强信心，德国陆军总司令布劳希奇、总参谋长哈尔德等诸多高级将领，不相信德军的兵力和新式武器占有压倒优势，担心进攻西欧会有很大风险。然而，他们却无力阻止希特勒进攻西欧的决定。

根据希特勒的指示，布劳希奇和哈尔德于 10 月 19 日向希特勒提交了进攻西欧的"黄色"方案，这个方案规定，德军将主要兵力集中于右翼，其任务是向比利时和法国北部实施主要突击，并占领英吉利海峡沿岸港口。这个方案与第一次世界大战德国进攻西欧的"施利芬计划"十分相近，它们都把主攻方向放在右翼，同样是通过比利时入侵法国。

"黄色"方案颁发之后，在德国三军总部和各集团军总部引起了激烈争论，德军 A 集团军群参谋长曼施坦因的意见尤其引人注目。

曼施坦因对"黄色"方案做详细研究后，对其战略构想极为不满。他说："照我看来，陆军总部的战略意图，就其本质而言，完全是模仿 1914 年著名的'施利芬计划'。至少我感觉到这是一种耻辱。我们这代人居然不能做一个好的计划来，而要去照抄老文章，尽管是出自施利芬这样的名家手笔。"

曼施坦因认为，"黄色"方案最大的弱点是仅以割裂英法联军为目标，而没有把歼灭法军主力作为目标。他斟酌再三，提出了自己的报告。这个报告中最重要的一点是：如果不在一次决战中彻底解决法国人，而只是求得一个有限的局部性胜利，则德国所投入的政治和军事赌注是不划算的，陆军总部的"黄色"方案所导致的正是这种不合理的结局。进攻西欧的攻击重点应放在中路 A 集团军群方向，通过阿登山地的奇袭行动，迂回围歼进入比利时境内的英法联军主力。这就是著名的"曼施坦因计划"。

"曼施坦因计划"中的一个最大胆设想是让德军装甲摩托化部队通过茂密崎岖的阿登山地森林，绕过法国坚固设防的马奇诺防线，对英法军队进行迂回奇袭。后来的事实证明曼施坦因是具备军事才能的，如果不是他，希特勒的美梦可能或者至少不会那么快地轻松实现吧。

但"曼施坦因计划"遭到许多德军高级将领的反对。曼施坦因把自己的计划上呈了 6 次，陆军总部、参谋总部都不予理睬，也没有转呈希特勒。

曼施坦因与布劳希奇和哈尔德的关系本来就很僵，现在曼施坦因又一再坚持他们看来是毫无道理的意见，两位上司不厌烦才怪呢。于是，1940 年 1 月 27 日，曼施坦因被免去 A 集团军群参谋长职务，任命为一个二流步兵军军长。实际上，这种职务变化是明升暗降，曼施坦因的官运可能到此终结了。

尽管如此，曼施坦因仍不放弃自己的计划。所谓天无绝人之路，2 月 17 日，希特勒宴请新任命的 5 名军长，曼施坦因乘机向希特勒陈述了自己的计划。希特勒对此计划很感兴趣，邀请曼施坦因到他的书房密谈，对于促使希特勒修改原有"黄色"方案，起了重要作用。

正在这时，发生了一件出人意料的事，真是天助曼施坦因。1940 年 1 月 10 日，一架德国空军飞机因迷航飞入比利时领空后被迫降落，机上德国军官携带着一份"黄色"方案，被俘前他只焚烧掉其中的一部分文件，计划的相当一部分落入盟军之手。这样，原来的"黄色"方案已无密可保，这也促使希特勒放弃原计划，改向阿登方向进攻。

◀ 德军陆军元帅布劳希奇主持制定了进攻西欧的"黄色"方案。

在希特勒的直接干预下，陆军总司令布劳希奇和参谋总长哈尔德才开始同意将进攻重点转到阿登方向。他们制定了具体的实施计划，并命名该计划为"镰割"。

No.2　闪电战

希特勒扩张心切，"镰割"计划刚刚确定，就马上下达一道密令：要求各部队抓紧西线大战的准备工作，务于5月5日前完成一切进攻准备。

德军参谋部日夜忙乱，柏林的气氛愈加紧张。

一支支德国部队加紧向西线调动，法西斯的飞机、坦克、步兵、大炮和运输车辆像一团团浓密的乌云，在德国西部边境聚集着、翻滚着……

风声紧，雨意浓。德国对英、法、荷、比、卢的袭击如箭在弦，一触即发。

然而此时，英国首相张伯伦还沉浸在"西线无战事"的迷梦中。荷、比两国也天真地相信，只要严守中立，不触怒希特勒，就可以避免卷入这场战争。荷、比想依赖英法这两个欧洲大国来保护自己不受侵犯，而英法却耐心期待着东方出现某种"称心如意"的奇迹。

"奇迹"没有等到，大难却临头了。

1940 年 5 月 9 日，德军统帅部下达进攻西欧的命令。

5 月 9 日晚，德军飞机对德国一所大学城弗赖堡进行了恐怖袭击，一所女子寄宿中学和一所医院被炸毁，死伤数百人。德军统帅部诬陷这次袭击系比利时和荷兰所为，找到了向这两个中立国家发动进攻的"根据"，真是"欲加之罪，何患无辞"。

5 月 10 日，天刚破晓。德国不宣而战，百万大军突然扑向荷、比、卢、法诸国。

西欧上空，德军大编队轰炸机和"施图卡"式俯冲轰炸机发出的怪叫声打破了宁静的气氛，荷、比国土上升腾起一股股浓黑的烟柱，飞机场、桥梁、铁路和仓库等地，都遭到德国空军的疯狂轰炸。

当钢筋水泥工事后面酣睡的英法守军被隆隆炮声和炸弹声惊醒时，德军坦克已冲进荷、比国境，只可惜了一枕美梦！

德军入侵后，荷、比两国马上向英法求援。盟军统帅甘末林立即命令英法联军按计划向比利时调动。两小时后，英法联军才开入比利时境内增援；另一支援军赶到荷兰时，已经晚了。

德军坦克摩托化部队越过边境后，似滚滚洪水泻向荷兰、比利时和卢森堡腹地。当天，卢森堡就宣布投降了。

至于荷兰，5 月 10 日凌晨，德军从地面和空中同时向荷兰发起进攻，迅速占领荷兰东北各省，并于当日突破其首道防线，迫使荷军退守荷兰要塞。

在地面部队进攻的同时，德军空降兵约 4,000 人从天而降，分两路突入"荷兰要塞"，割裂了荷军部署。

5 月 12 日晚，荷兰女王及内阁大臣接到荷军总司令温克尔曼的报告：已没有任何希望顶住德军的进攻了。

第二天，威廉明娜女王携几个内阁大臣登上一艘英国驱逐舰逃往伦敦。临走时，女王授权温克尔曼将军作为全权代表在适当时机宣布投降。

5 月 14 日黄昏，温克尔曼命令全军放下武器。次日上午，他作为荷兰政府的全权代表在无条件投降书上签字。

短短 5 天，荷兰就被德军征服了。

比利时的情况虽然比荷兰稍好些，但也只是进行了有限抵抗。

5月10日，德军从地面和空中对比利时发动了立体进攻，从地面和空中迅速突破比军防线。

比利时人有一个引以自豪的要塞——埃本－埃马尔要塞。比军认为，它比马奇诺防线或齐格菲防线上的任何工事都更加坚固，可以长期坚守。

然而，作战过程大出比军所料。10日凌晨，经过模拟训练的德国空降兵乘滑翔机悄悄降落在埃本－埃马尔要塞顶部，从天而降的"神兵"令防守要塞的比军措手不及，德军以微弱代价轻而易举攻克了这个号称欧洲最难攻克的工事。

埃本－埃马尔要塞的失陷，预示着比军第一道防线的全面瓦解。5月12日，比军不得不退守第二道防线。

5月27日，比军陷入山穷水尽的境地，开始全面瓦解。比利时国王利奥波德三世再也看不到任何可以扭转局面的希望了，只好接受德国提出的无条件投降要求，于次日凌晨4时命令比军向德军投降。

希特勒的"闪电战"的确非同凡响。抛开道义的理念，从单纯军事角度看，希特勒的确

▲ 在法国境内，一架德军侦察机正飞越德军第7装甲师一部的上空。

具备异禀，让人不由得发出希特勒的降临是上帝赋予人类的灾难的感叹。

No.3　跨越"马奇诺"

德军进攻西线的枪炮声，飞过波涛汹涌的英伦海峡，震动了英国首相府官邸，一心推行绥靖政策的张伯伦惊得目瞪口呆。

英国上下哗然，矛头一齐对准张伯伦。怒不可遏的英国人群起而攻之，要张伯伦"辞职"、"滚蛋"的吼声响彻英伦三岛。

反对"慕尼黑政策"、主张对德国采取强硬政策的海军大臣温斯顿·丘吉尔出任英国首相。

丘吉尔就任首相的第三天，在下议院发表了著名的就职演说。他傲然不屈地说：

我能奉献给你们的只有鲜血、劳苦、眼泪和汗水。……你们问，我们的方针是什么？我要说：就是用上帝赐予我们的全部力量，从海、陆、空三路拼命作战；同在黑暗、可悲的人

▲ 从敦刻尔克撤退到英国的法军士兵，一脸的疲惫，一脸的无奈……

类犯罪史上空前的专制暴政作战。这就是我们的方针。你们问我们的目标是什么？我可以用一个词来回答，这就是胜利，不惜一切代价来取得胜利，无视任何恐怖来取得胜利，胜利——不管道路可能是多么漫长，多么艰苦……

　　英国人第一次领略到丘吉尔身为战时领袖所具备的那种坚定无畏的品格。在英国悠久的历史上，还没有任何一位首相像他这样简明扼要地陈述自己的施政纲领。这个口不离烟斗、貌不惊人的矮胖老头，使整个英国为之一振。

　　短短的一席话，不仅概括了他的施政纲领，而且勾画出他那极富战斗精神的性格。为了胜利，他甘愿含辛茹苦、流血流汗，也不吝别人的鲜血和生命。正是这种品格赢得了英国人民的信任，而且也就是在这最危急的时刻，英国人民把自己的国家托付给了丘吉尔。

　　但是此刻的胜利却青睐越过阿登山区而来的希特勒的钢铁洪流。一群群德国坦克、装甲车、火炮、装甲运兵车以及卡车运载着步兵部队，像滚滚的浪潮般不断涌来。喷吐着火舌的坦克和装甲车汇成一股骇人的洪流冲向防守部队。在装甲车队前面，一批批样子恐怖的黑色

"施图卡"机，咆哮着往下直冲，对法军阵地低空轰炸，投弹后又立即拉起，急速爬向高空。许多法国士兵感到这种冲击似乎就是针对他们本人的。毫无经验的法国部队开始瓦解了。

5月11日傍晚，德军的装甲部队已全线突破了英、法、比军队的防线。

德军装甲部队如同决堤的洪水，汹涌向前。突破色当，渡过马斯河，在德军坦克师的前面展现出一片广阔无人防守的法兰西北部平原。法国人苦心经营的马奇诺防线被德国人巧妙越过了，它在战争中并没有发挥出像法国人所想像的那种中流砥柱作用。

5月15日凌晨，英国首相丘吉尔忽然接到法国总理雷诺打来的电话："我们被打败了，这一仗我们打输了！"

丘吉尔惊诧得说不上话来。稍待镇定后急忙问："不会败得这样快吧？"

雷诺绝望地说："在色当附近的战线被突破了！德军的坦克和装甲车大批地涌了进来。"

丘吉尔大惊失色："什么？伟大的法兰西军队，难道就这样快倒下去了吗？"

次日，丘吉尔急急忙忙带着总参谋长乘飞机赶往巴黎，盟军司令甘末林神色忧郁地介绍说，大批德军装甲部队直指亚眠和阿腊斯，后面紧跟着10个机械化师，分成左右两支，进击南北两路法军。

丘吉尔问："战略预备队在哪里？"

甘末林耸耸肩，摊开双手说："一个也没有！"又说，"数量上占劣势，装备上占劣势，方法上占劣势。"

5月21日，德军推进到海岸，一举切断北方的英、法、比联军同南边法军的联系。

此后，德军各装甲部队继续北进，迅速占领各战略要地。

这样，英法联军的几十万大军，就被德军牢牢围困在敦刻尔克地区。

No.4　逃离敦刻尔克

战争开始后不久，巴黎就充满了恐慌与失败主义情绪。随着战争形势的恶化，这种情绪与日俱增。

第一次世界大战以后，英法两国的军人和老百姓都接受了这样一种说法，即未来的任何战事都将限于坚守固若金汤的抗德的"马奇诺防线"。这时谁也想不通，整个战线竟会如此轻易地彻底崩溃。而当前线被突破后，法国陆军就像一只被戳破的气球那样立即全部瘫痪了。

5月18日，法军临阵换帅，让73岁的魏刚接替了盟军司令甘末林，令其充当战败的替罪羊，却因此而错失扭转战局的最佳时机。

此时此刻，希特勒把所有能用得上的步兵都投入了战斗，继续巩固和扩大坦克部队突破的缺口。德军所到之处如风卷残云，法国战俘在德军坦克旁边缓缓步行，丧魂失魄地把步枪交给德军，放在坦克下面压毁。

5月24日，被逼到敦刻尔克周围的几十万盟军，挤在一块很小的三角地带。这个三角形的底部就是沿多佛尔海峡、从格拉夫林到敦刻尔克以北的尼乌波特。顶端在发隆西纳，距海岸约110多公里。英法大军前临强敌，背靠大海，又无力背水一战，眼看就成"瓮中之鳖"。

整个法国此时已陷于惊恐和不安之中。正在法国领土上的英国远征军何去何从？远征军司令戈特勋爵不想让麾下的几十万精兵强将为法国人陪葬；远在伦敦的丘吉尔首相也不想丧失今后获胜的本钱。他们想乘德军尚未封闭包围圈时，撤回英国远征军！

这时，德军坦克离敦刻尔克还有十几公里，德国军队从南、北、东三个方向向海滩步步紧逼，只有西面的英吉利海峡敞开着。战局到了千钧一发之际，30多万英法军队危在旦夕。

正当德国要取得这次战役中最大一次胜利时，希特勒突然下了一道命令，要坦克部队停止追击，这就给了被围的英法军队一个死里逃生的机会。希特勒的命令也使德国坦克部队的将领十分惶惑和失望，坦克大师古德里安不禁失声叹道："敦刻尔克已经在望，我们却被命令停止前进！德国空军在进攻，我们却袖手旁观。我们眼睁睁看着由各种大小船只组成的舰队在把英国军队撤走。"

希特勒的"停止前进"令，是德国自发动战争以来犯下的第一个后果严重的战略性错误，它使30多万英法军队绝处逢生，逃往英国。4年以后，正是这支逃到英国的军队，又从诺曼底登陆，成为最后埋葬希特勒的重要力量。

英国首相丘吉尔和远征军司令戈特将军已决定将被围的几十万军队撤回英国。在德军的重兵包围之下将几十万军队从海上撤出，这可不是一件容易的事。在几天的时间里，经过精心筹划，终于制定了代号为"发电机"的撤退计划。

为执行此计划，英国政府紧急调集所有能抽调的军舰和民船，无数业余水手和私人船主应召而来。他们驾驶着驳船、货轮、汽艇、渔船，甚至花花绿绿的游艇，顺着江河细川和海湾回流汇集起来，前往敦刻尔克，准备运送联军官兵回英国本土。

5月26日，希特勒发现海岸附近盟国的运输舰只活动频繁，连忙下令德军从西面和南面恢复进攻。但是，已迟了两天，进攻遇到了困难。英国利用这段时间，加强了防御，布置3个步兵师和许多火炮挡住从这两个方向进攻的德军。在包围圈的南端，据守加来港的英军在硝烟弥漫的断壁残垣中拼命抵抗，让援军及时赶到格拉夫林的水堤阵地，利用河渠纵横、洪水泛滥挡住德军的坦克。如果德军越过此地，则英军所有的后路将被切断，势必全军覆没。

5月26日晚，英国海军部下达"发电机"行动的命令，英军的撤退行动开始。

救援工作开始后，乌鸦般的德国机群终日在港区和海滩的上空盘旋俯冲，空中硝烟弥漫，爆炸声震天动地，大火直窜云天。密密麻麻的士兵挤集在狭小的桥头阵地里，进退维谷，处境危急。

英国皇家空军也把许多战斗机投入敦刻尔克上空，掩护联军的撤退，敦刻尔克上空，爆发了大规模的空战。不仅空中有德军飞机轰炸，德军的海岸炮火也拼命阻挠英国的船只靠岸。

此时，交战双方都把更多的飞机派往敦刻尔克。在空中进行激烈交战的同时，海滩上的联军士兵们木然地排在一行行向前缓慢移动的长队中，队列一个小时又一个小时地把他们送

▼ 敦刻尔克到处是拥挤的船只和匆匆撤离的英法士兵。

入没踝的、没膝的、齐腰的、齐胸的海水里，最后由小船上的人把他们拉上去。海潮涨落时，同伴们的尸体飘撞到他们身上，这些人有的是被敌人的炮火打死的，有的是由于救援船只沉没而溺水身亡的。

一架英国侦察机飞抵海滩上空，飞行员从空中看到，海滩上有一条条彼此相隔几米、看上去像是伸入到海里的坚固长堤似的东西。原来，那是耐心地等候救援船只的队列，最前面的人站在齐腰深的海水里。秩序井然的三人一排的队伍沿着长长的堤坝以每小时1,000人的速度向前移动。

29日，德国"施图卡"机群又前来袭击，那时已没有皇家空军在敦刻尔克上空巡逻警戒，"施图卡"机只须对付地面火力和军舰上的高射炮火就行了。"施图卡"机群以及尾随在后作低空飞行的亨克尔机造成了可怕的破坏效果，然而，尽管这样，一行行长长的黑沉沉的士兵队列仍保持着完整队形；大大小小的救援船只在弹雨中往返穿梭，就像没注意到死神的威胁似的。

此时，士兵们发现，海滩上柔软的沙子就像坐垫似的能把大部分爆炸力吸收掉，他们只要平卧在沙滩上，哪怕炸弹就在身旁爆炸，也不过震动一下而已。因此，他们很快掌握了这种在弹雨中逃生的好方法。

在与死神相伴的时刻，有些英法士兵表现得很乐观。他们在空袭间隙时间里，有的在沙滩上踢足球、打板球，有的在海浪里洗澡，有的甚至还玩起堆沙堡的游戏来。

5月29日，法国第1集团军奉命正式撤退。在相当多的法国部队到达敦刻尔克海滩时，那里的情况混乱异常。英军最初拒绝让法军登上英国的船只，因为近处没有法国船只，这就等于将法国人丢在那里。

情况反映到雷诺总理那里后，他甚感不安。5月31日，在巴黎召开的盟国最高军事会议上，雷诺坚决主张英法联军共同撤退。他说："22万名英国士兵中已经运走了15万人，而在20万法国士兵中只运走了1.5万人。如果这种不均衡的比例不立刻加以纠正的话，那将对我们产生严重的政治后果。"

丘吉尔首相既懂得数字上的意味，又懂得政治上的意味，他表示同意共同撤退，并表示说："仍在敦刻尔克的3个英国师，将同法国人在一起，直到撤退完成。"

此时，德国统帅部似乎已经明白敦刻尔克发生了什么事情，希特勒气急败坏地命令加强攻势。德军以强大的攻势突破了东西"走廊"，把联军团团围在敦刻尔克，并逐步压缩包围圈。

此刻，敦刻尔克港口及其海口通道遍布着许多船体的残骸，海面上尽是油污和碎木片、半沉的小舟、浮动的散松绳索、浸透了海水的衣服以及旋转翻滚的尸体，前来营救的船只，不得不从中费劲地挤出一条路来。

在大多数英国部队已经撤离的情况下，英国远征军司令戈特将军及其参谋人员也奉命撤回英国，只留下3个师坚持在海滩阵地上。

6月1日，丘吉尔打电报给雷诺，建议"于今夜停止撤退"。

雷诺接到电报后大为恼火，他认为英国人已救出了他们自己的大部分部队，现在正准备抛弃法国军队。魏刚坚决要求英军部队留下来与法军肩并肩地守卫环形防线，直至更多的法国部队撤离。在法国的坚决要求下，英国同意将"发电机"行动延长到6月4日。

6月4日下午2时23分，在大部法军和几乎全部英军已撤离的情况下，英法指挥官一致同意"发电机"计划结束。

满载法国士兵的英舰"希卡里"号是最后一艘驶离敦刻尔克港口的船只。

就在这艘弹痕累累的英国驱逐舰在宽阔的海面上破浪前进时，德军坦克小心翼翼地爬入已成废墟的港口。

留守的法国部队打出了最后一发子弹。

5月21日至6月4日，数十万人从敦刻尔克逃离法兰西。这是战争史上空前的渡海大撤退。此次撤退行动，除了没来得及撤出的法军4万人投降外，共有338,226名英法士兵撤出敦刻尔克，其中英国远征军21.5万人，法军12.3万人。

6月4日的晚些时候，温斯顿·丘吉尔在下院报告敦刻尔克奇迹时，庄严地对议员们说："我们必须极其小心，不要给这次救援行动涂上胜利的色彩。战争不是靠撤退来打赢的。但是，这次救援行动却也包含着胜利，这一点应当予以注意。它是靠空军赢得的……这是英德空军之间的一次重大较量。空中的德国人试图使海滩上的撤退无法进行，试图将几乎所有出现在海面上的多达数千艘的船只击沉。你们能想象出他们还有比这更为重大的目标吗？对战争的整个目的来说，还有比这一目标具有更大的军事意义和重要性的吗？……欧洲大片的土地和许多古老著名的国家，即使已经陷入或可能陷入秘密警察和纳粹统治的种种罪恶机关的魔掌，我们也毫不动摇，毫不气馁。我们将战斗到底。我们将在法国作战，我们将在海上和大洋中作战，我们将具有愈来愈大的信心和愈来愈强的力量在空中作战；我们将不惜任何代价防卫本土，我们将在海滩上作战；我们将在敌人登陆的地点作战；我们将在田野和街头作战；我们将在山区作战；我们决不投降！即便我们这个岛屿或这个岛屿的大部分被征服并陷于饥饿之中——我从来不相信会发生这种情况——我们在海外的帝国臣民，在英国舰队的武装和保护之下也将继续战斗，直至新世界在上帝认为是适当的时候，拿出它所有的一切力量，来拯救和解放这个旧世界。"

▲ 英军士兵正在积极备战。

第二章

不列颠拒绝和谈

　　当德军完成了对法国、荷兰、比利时及卢森堡的进攻作战以后，德军总参谋部并没有直接进攻英国的通盘计划　1940年5月21日，德国海军总司令雷德尔上将向希特勒提出了这个问题，但是直到六个星期以后方才采取了重要措施，因为希特勒本来估计英国也许不会单独作战下去，现在看来这种希望恐怕不易实现了。

No.1 "不要行动"

1940 年 6 月 5 日清晨，敦刻尔克海滩，又恢复了往日的平静。

凄清的晨风中，到处飘洒着碎布片，还有雪片般的军事文件，丢弃的弹药和扔掉的杂物遍地可见。士兵们趟水奔向救援船只时丢掉的数千只鞋，骑到海边来的数百辆自行车，一眼望不到尽头的排成一列列长阵的卡车和大炮，一堆堆的步枪，还有堆积如山的罐头食品，一切的一切都反映出英国人和法国人的无措。

两名德国空军高级将领正沿着宽阔的海滨沙滩向前走着，他们的皮靴踏在英军所留下的废墟上。这两个德国人一个是德国空军参谋部的沃尔多将军，另一个是德国空军司令戈林元帅的副手，德国空军监察长米尔契将军。

两人走到一堆装葡萄酒和威士忌的空酒瓶前（无疑是英国军官们喝完后扔下的），沃尔多将军用脚尖踢了一只酒瓶，挥手指着废墟说："这里就是埋葬英国人在这场战争中的希望的坟墓！"随后，他又鄙夷地指着酒瓶说："这就是他们的墓碑！"

此时，矮小肥胖，带着一副颐指气使神情的米尔契将军却没有一点他的同伴那种得意洋洋的表情，他似乎有些沉重地说："他们的希望还没有被埋葬。"

不远处，赫然停着一辆豪华列车，德国空军司令戈林元帅的装甲专列，此人长着一张红脸和两片薄嘴唇，生性爱吹牛撒谎，好大喜功，追求时髦，爱慕虚荣。他喜欢狩猎，并对各类艺术作品和五光十色的珠宝有着疯狂的嗜好。人们的共同感觉是，这位身材高大，身穿挂满勋章和珠宝的天蓝色制服的空军司令，可谓是健壮如牛的赳赳武夫；可是，那浅黄色闪光的翻领，阵阵飘过的香水气息，以及那戴满钻石戒指的双手，又让人感到一种十足的脂粉气。

1893 年 1 月，戈林出生于巴伐利亚的勒森海姆，其父与铁血宰相俾斯麦关系亲密，曾受俾斯麦委派出任德属西南非洲（今纳米比亚）总督。少年戈林秉承父亲意愿，入读士官学校，1911 年毕业于德国大利希特菲尔德军事学院，后在亚尔萨斯的米尔贺森联队任步兵中尉。一战爆发后，戈林转入陆军航空兵部队学习飞行，曾任著名的里希特霍飞行中队的最后一任指挥官，在空战中击落 23 架敌机，成为德国著名的空中战斗英雄，获得德国战时最高荣誉勋章。战后，德国的战败使得戈林一落千丈，流落到丹麦和瑞典当起了运输机驾驶员。1921 年，戈林结识了希特勒。那是一次偶然的机会，他听了希特勒的演讲，两人一个想重温日耳曼帝国的旧梦，一个想重振德国空军雄威，因而一拍即合，大有相见恨晚之意。戈林凭借其过人的精力和毒辣的手段，为希特勒的啤酒馆政变、国会纵火案、建立盖世太保和冲锋队以及清除同党罗姆等竭尽犬马之劳，成为希特勒最得力的助手之一，为希特勒夺权立下了汗马功劳。其手段之卑鄙龌龊，较希特勒有过之而无不及。在清除元首的心腹干将罗姆时，希特勒有些

▲ 德国空军司令戈林。

于心不忍，念及共同起家的故交，想留他一命。但是戈林却力劝希特勒。杀掉了罗姆，也为戈林自己扫除了竞争对手。戈林还为希特勒创建了恶贯满盈的盖世太保，并设计了血债累累的集中营。随着希特勒的发迹，戈林在第三帝国的仕途青云直上，成为希特勒的宠臣。先后担任过冲锋队队长、航空部长、空军司令，并晋升为陆军上将、元帅，直至成为希特勒的法定继承人。

此时的戈林正在这辆列车上等待召开一次德国空军总司令部会议，前来参加会议的有第2航空队司令凯塞林将军、第3航空队司令斯比埃尔将军、第5航空队司令施登夫将军，以及监察长米尔契将军和参谋长耶舒昂纳将军。

满面红光，神采飞扬，身着华丽的丝质新制服，挨个拥抱手下的将军，拍拍他们的后背，绕桌走了一圈后，戈林来到首席的位置上。

他首先告诉大家，法国方面的某些消息媒介已经试探停战的条件了，接着他又说，英国军队在遭受了德国军队如此"沉重的打击之后，于敦刻尔克被全部歼灭"，他和元首不知有多么高兴。

听到戈林说到这里，米尔契不由自主地打断戈林的谈话，插话道："元帅是说英国军队在敦刻尔克被全部歼灭？"

戈林微笑着点了点头。

米尔契满面狐疑地说："在我看来，英国人远没有被打垮。我承认，我们在三个星期内就将英国人赶出了法国，这是很了不起的战绩，是对英国人傲气的一个沉重打击。但是，我们必须面对这样一个事实，即英国人几乎把他们的全部军队都撤过了英吉利海峡，这个情况令人担忧。"

在戈林看来，西线的战事差不多已经结束，他正是带着这种想法来召集这次会议的。米尔契刚才的一席话，对他的情绪产生了很大影响。他问他的这位监察长："你认为下一步应该怎么办？"

米尔契十分严肃地强调："我认为我们应当立即将空军现有的全部兵力调至英吉利海峡沿岸……攻占大不列颠不容拖延……我警告您，元帅先生，如果您给英国人三四周休整的时间，到那时就来不及了……"

"这不行！"还没等米尔契说完，戈林就打断了他的建议。

但是，参加会议的其他人，绝大多数都支持米尔契的意见。随着会议的继续进行，戈林渐渐开始转向米尔契的观点。

几个小时之后，一项作战计划终于形成了。

▲ 英军炮兵加紧备战，以防德军入侵。

　　这是一个入侵不列颠的计划。它拟以空降兵入侵，先以轰炸机和俯冲轰炸机大举进攻英国的南部沿海。在飞机袭击的掩护下，伞兵部队将在英国本土着陆，并夺取一个机场。紧接着用容克军用运输机进行穿梭运输，运送 5 个德国精锐师；这些士兵将呈扇形散开，像丛林野火一样遍布英国农村。除了地面上可能遇到的抵抗之外，这项计划还考虑到了其他一些难以克服的障碍：要使英国人屈膝投降，不仅要把他们的飞机从天上打下来，而且还必须封死

▲ 英军士兵进行近距格斗演练。

他们运送食品的海路，并使他们的港口陷入瘫痪。这就意味着要解决在世界上仍是最强大的英国海军。戈林预言，德国的入侵将使大英帝国在北海和地中海的战舰离开现在的位置，而且还会调动英格兰斯卡帕湾重兵把守的大本营里的军舰，迫使它们开足马力驶向英吉利海峡。这样，全部英国皇家海军将集结在这条狭长的海域，与此同时，全部的英国皇家空军也将在战场上空露面，这不仅能使德国空军摧毁英国的空中力量，而且也能消灭英国的海上力量。

戈林认为，这是一个绝妙无比的计划。妙就妙在它将是一场由德国空军控制的战斗。不仅有10个陆军师将归他指挥，而且德国海军那些需要用来作后援和策应的船只及舰艇也将归到他的手下。他相信，德国空军不但能阻挡英国海军的侵扰，还能摧毁英国的空军力量。身为德国空军的总指挥官，如果入侵英国成功，他自己必定获得头功的荣耀。

第二天，戈林来到希特勒设在比利时一个村庄里的临时指挥部，把他和空军将领们详尽讨论过的那项计划面呈希特勒。

"我的元首，这就是胜利的蓝图！"戈林说道，"但是我想强调一点，要取得这场战争的胜利，有一个先决条件，即战争务必立即打响，一定要趁英国人尚未从他们在比利时和法国之战的惨败中爬起来，趁那些从敦刻尔克撤走的英国远征军仍然士气低落，缺乏武器装备之际，将他们一举击败。"

"我等待着你的命令，我的元首。"最后，戈林带着自信的期待说。

希特勒在认真看了戈林的计划后，给戈林下达了一项命令。但是，这项命令让戈林傻了眼，而米尔契将军听到这项命令后更是暴跳如雷。希特勒命令戈林"不要行动"。

希特勒明确指出，尽管他欣赏这个计划的现实态度，但却反对将它付诸实施。这并不是因为他认为这项计划不会取得成功，而是因为他觉得现在或将来都没有这样做的必要。他深信，英国人作为一个理智的民族，到此时此刻已认识到了他们山穷水尽的处境，他指望英国政府会接受将由他提出的和平解决方案。在着手准备这件事的同时，他并不想用穷追猛打的入侵来"教训"英国人。

在戈林和米尔契看来，希特勒简直是疯了——当然他们只敢在心里这么说。他们认为英国人正在秣马厉兵，决不会俯首称臣，要征服他们，唯一的办法就是摧毁他们的空中力量，让他们的海军葬身海底，封锁他们的港口，然后长驱直入，到英国的本土上与他们较量。现在，德国每浪费一个小时，就等于送给了英国人用以准备反攻的生死攸关的60分钟。

事实上，戈林和米尔契是对的。早在6月4日，英国首相丘吉尔就预示英国将不顾一切地进行抵抗："我们决不气馁认输。我们将战斗到底。……我们将在海洋上战斗，我们将以不断增长的信心和不断增长的力量在空中战斗；不论代价多大，我们将保卫我们的岛屿。我们将在海滩上战斗，我们将在登陆地点战斗；我们将在田野和街道上战斗；我们将在山中战斗；我们决不投降……"

No.2 挥舞橄榄枝

此时，希特勒的心思完全放在了促使法国投降上。敦刻尔克战役刚过两个多星期，法国的最后一道防线就在德军闪电战的进攻下崩溃了，以贝当元帅为首的法国新政府请求停火。

6月22日，法国在停战协议书上签字投降。

希特勒在贡比涅让法国受辱后，便和一些老友到巴黎作了一次短暂的游览。在荣誉军人院，他久久凝视着拿破仑墓，然后转身对他的忠实摄影师霍夫曼说："这是我一生中最伟大、最美好的时刻。"

希特勒在他的将军和老友们的前呼后拥下，来到了第一次世界大战时期的西线战场。这个当年毫不起眼的奥地利下士，此时已成为世界上最显赫的人物。马奇诺防线毫无生气地静卧在他的面前，堡垒上的斑斑弹痕无神地望着这位不可一世的征服者。

故地重游，希特勒百感交集。曾几何时，一个出身低微的传令兵居然使一个第一次世界大战的战败国，一个在政治上一片混乱，在军事上被解除武装，在经济上快要崩溃的德国，一跃而成为欧洲大陆最强大的国家，所有其他的国家，甚至包括英国和法国，都在它的面前发抖。

希特勒转过身，得意洋洋地对走在他身边的霍夫曼说："那些凡尔赛条约的战胜国，那些主宰英国和法国政府的'小蛆虫'，现在不知作何感想！"

霍夫曼同样是满面春风。他问希特勒："你对战争的下一步做何打算？准备什么时候在英国登陆呢？"

"下一步我想对付的是俄国佬，"希特勒把手一挥说："如果我们与英国人开战，就得同时在东西两线作战。这对德国并没有什么好处。我们德国人流血牺牲得到一些胜利，但获得实惠的只是日本、美国及其他国家。"也许因为激动，希特勒苍白的脸有些泛红。

霍夫曼和将军们这时已经停下，静静地听着。

"英国是个理智的国家，"希特勒信心十足地说："待他们明白了自己孤立无援的处境后，必定会接受我的和谈方案。"

希特勒所以坚持与英国人讲和，除了他所说的为避免两线作战外，据说还有一个原因，即希特勒是真心真意地敬慕英国人，敬慕大英帝国和他们的文明。希特勒认为，英国人作为盎格鲁－撒克逊人，符合优秀民族的标准，因此最好不要消灭他们。

当天，希特勒回到他在克尼比斯的"黑色森林"别墅，他在那里一直静养了10天。这期间，他把跟战争沾边的一切事务都抛到九霄云外去了，天天早上驱车四处兜风。他尽情享受着胜利之后的愉悦，细细品尝着那份妙不可言的滋味。而这段美好的日子和这种美好的感受，在希特勒以后的日子里绝未再出现过。

法国失陷之后，德国的战争机器突然变得温和起来。德国士兵在英吉利海峡的岸边洗澡，他们光顾那些挂着"此处说德语"牌子的饭馆和咖啡馆，而几周之前，同样是这些饭馆和咖啡馆，挂的却是"此处说英语"的牌子。

然而，在法国北部海岸并不全是休息和娱乐。对德国武装部队的将领们来说，希特勒"不要行动"的命令仅仅只是说他现在不希望进攻那个岛国，但这并不妨碍他们为希特勒万一突然改变主意的可能性做准备。

因此，德国空军把第2航空队调到了英吉利海峡，一同调去的还有第3航空队。第一次世界大战中赫赫有名的红色男爵的表兄弟，胆大过人的里希特霍将军也在调集兵力，他手下的战斗机和俯冲轰炸机中队正在英吉利海峡沿岸与英国隔海相望的法国飞机场集合——从那里飞到多佛尔断崖只需20分钟，飞到伦敦也只用一个小时。

在这些部队的身后，轰炸机中队和容克军用运输机正从它们在德国的基地开过来，德国士兵已把肝泥腊肠和啤酒的味道传遍了法国兵营，而前不久这里弥漫的还是法国香烟和廉价

▼ 希特勒对巴黎进行了一次"闪电"式的访问。

葡萄酒的气味。

德国的海军也在忙碌着。他们的驳船和小型船只开始集合，陆续沿莱茵河通过荷兰和比利时的运河网驶向英吉利海峡和北海沿岸的集合点。

虽然希特勒下达了不让对英国发动全面进攻的禁令，但是德国空军却开始对英国进行了零星的突袭。空袭的主要目的，是对德国飞行员进行实战训练。

白天，德军战斗机在英吉利海峡呼啸而过，它们袭击护航舰，企图引诱皇家空军的飞机起飞作战，以了解英国人的飞行技术和胆量。

夜间，德国空军参加夜袭的轰炸机小分队对一些防范不严的孤立的目标进行攻击，目的是试试他们进攻的准确度和有效性。

6月底，德国方面试探和平的建议通过各种渠道传到了伦敦。梵蒂冈通过它瑞士的教皇使节发去了一封询问信。瑞典国王也亲自要求英国与德国和解。在西班牙，纳粹的密使正在直接与英国大使霍尔爵士会谈。

No.3 "不，决不"

对于希特勒伸过来的橄榄枝，英国首相丘吉尔是什么态度呢？他作出了明确而坚定的回答："不！决不！"

◀ 丘吉尔亲临英军防线前沿视察。

▶ 战前，丘吉尔与高级将领们会晤。

　　丘吉尔有着一副铮铮铁骨。他于1874年11月出生于英国一个贵族家庭。父亲伦道夫·丘吉尔勋爵是保守党领导人之一，曾任财政大臣。母亲珍妮·杰罗姆是美国人。丘吉尔个性勇敢，富于冒险精神。自幼喜欢玩打仗游戏，孩提时他就拥有1,500个玩具小锡兵。他可以长时间地将它们摆成各种阵势，进行交锋对垒，战斗演习，经常玩得废寝忘食。18岁那年，丘吉尔考上桑赫斯特皇家军事学院。24岁时，他在苏丹恩图曼第21兰瑟支队服役，经历了英布战争。1914年，丘吉尔任英国海军大臣，英海军在达达尼尔战役中的惨败，导致他引咎辞职，委身在西线指挥一个旅的皇家苏格兰士兵。

　　丘吉尔的血管里流动着战争的血液。他是战争问题的专家，是战争艺术的学子。一些人把他描绘成《圣经》中约伯的那匹马，很远就能闻到战争气息，"在山谷中搔爪，在号角中嘶鸣"。现在，又是战争，把他推上了历史的舞台。他不知疲倦，足智多谋，热情洋溢，英明果断，就像一尊岩石阻挡着风暴的袭击，他使一个摇摇欲坠的国家重新振作起来，走向胜利。当战争结束后，英国和其他许多国家的人民回首往事时，都把丘吉尔视作英国这艘几经风险最终凯旋而归的战舰的舵手和舰长。然而，当丘吉尔于1940年5月10日夜晚接过这艘战舰时，它已是遍体鳞伤，摇摇晃晃，而且即将面临纳粹德国铁蹄践踏的灭顶之灾。

　　丘吉尔决不会被希特勒的和谈烟幕所蒙蔽。从希特勒违反凡尔赛和约扩军备战，到撕毁慕尼黑协定吞噬波兰……集与希特勒打交道的经验，丘吉尔已看透这个流浪汉出身的家伙是个出尔反尔、言而无信的卑鄙小人。

这位素以坚定无情而著称的英国首相，给瑞典国王写了一封措辞强硬的复信："……甚至在对于这种要求或建议做任何考虑以前，德国必须用事实而不是用空话作出确实的保证。它必须保证恢复捷克斯洛伐克、波兰、挪威、丹麦、荷兰、比利时，特别是法国的自由和独立生活。"

当丘吉尔得知德国代办托姆森企图在华盛顿与英国大使会谈的消息以后，立即发了一封急电："应告知洛提安勋爵，绝不能给德国代办以任何答复。"

丘吉尔对待希特勒的和平方案的态度，多次在公共场合明确表达出来。一天晚上，他召集了一次帝国参谋部会议，会议是在那迷宫般的地下总部的一间空房子里进行的，此处有白厅"地洞"之称，离国会和政府办公楼很近。当首相走进来时，已聚集在那里的将军们和内阁大臣们都站着静静地看着他，只听得见排风扇往这间沉闷的屋子里输送空气的声音。丘吉尔站稳后，从嘴上拿下那只特大号的雪茄，用它划过这个简陋的防空洞，然后指向会议桌首席位置上放的那把木椅。

"我将在这间屋子里指挥这场战争。"他宣布说："如果我们受到入侵，我就坐在那里——那把椅子上。"他把雪茄放回到嘴上，吐了一口烟，然后接着说："我就坐在那里，直到德国人被赶走，要么到他们把我的尸体抬出去！"

在拒绝希特勒和平计划的同时，丘吉尔抓紧时间进行抗击德国入侵的准备。农民、第一次世界大战后退伍的老兵以及地方上其他一些国防志愿人员，都聚集到了国民军的行列，他们正在英国的一条条道路和8,000公里的海岸线上巡逻，手里拿着狩猎用的武器，老式的步枪，甚至还有草耙和高尔夫球杆。在他们得到正规的装备之前，在敦刻尔克撤回的士兵和其他正规军重新武装起来之前，在防御工事筑牢、坦克陷阱挖好、海边的地雷埋好之前，在皇家空军以更好的飞机和飞行员加强实力之前，每赢得一天都是十分宝贵的。

在法兰西失利后，英国人并没有被惊恐和混乱所困扰，他们充分地利用了撤退后的间歇时间，加速飞机、坦克和其他武器的生产，加紧进行各项战争准备，以使他们的岛国壁垒森严。

No.4 "海狮"计划

7月初，希特勒认为英国人会恢复理智的自信心开始渐渐消失了。

在希特勒眼里，丘吉尔是一个喜欢大喝白兰地的农夫，而那些辅助他统治英国的人则是顽固不化的笨蛋。在去年9月战争爆发以来的10个月里，德意志帝国的武装力量已将从波兰的布格河到法国英吉利海峡沿岸的整个北欧纳入了德国的统治之下，而海峡那边的英国人却

▲ 希特勒亲自向高级将领颁授元帅军衔。戈林（左四）则成为了德国军队历史上独一无二的"帝国元帅"。

▲ 希特勒的高级将领均十分赞赏"海狮"计划，唯有海军总司令雷德尔（左三）持怀疑态度。

偏偏对这一现实视而不见。他们的固执令希特勒大惑不解。

希特勒十分恼火。他终于开始做全面入侵英国的准备了。

7月16日，一份发给德国军官的绝密命令宣布了元首的决定：

"鉴于英国不顾自己军事上的绝望处境，仍然毫无愿意妥协的表示，我已决定对英国登陆作战，若有必要，即付诸实施。"

这项命令还说："这次作战行动的目的是消除英国本土这一对德作战的基地，并在必要时全部占领该国。"

希特勒在这项指令中用了几个关键字眼："若有必要。"这说明，此时希特勒仍在期待着英国人能认识到他们的困境并接受他的意见。

▼ 戈林与希特勒等在一起。刚愎自负的他显然高估了德国空军的力量。

这次作战行动的代号是"海狮"。

与戈林和米尔契以空军部队入侵英国的流产计划相比,"海狮"行动虽然没有那么轰轰烈烈,但它的构想却庞大得多。它拟以多达25万人的德国步兵在英国南部海岸长达320公里的宽阔战线上登陆,只有少量的入侵部队使用飞机运送。大部队由改装过的内河驳船、拖船、汽艇和较大的运输船运过英吉利海峡。他们将分三批到达,首先抢占滩头阵地,继而向内陆推进,他们的首要目标是切断伦敦与英国其他地区的联系。当占领英国首都后,立即由盖世太保逮捕2,000名英国的首脑人物,从丘吉尔到作家赫胥黎和沃尔夫及演员科沃德;并将所有17至45岁身体健全的英国男子都拘禁起来,运往欧洲大陆。

希特勒的高级将领都十分赞赏的"海狮"计划,唯有海军总司令雷德尔元帅持怀疑态度。令他忧虑的除了他的海军在挪威受过损失之外,主要是他看到他身边的战略家们把"海狮"行动仅仅看做是一次渡河计划,只不过这一次宽一些罢了。那些战略家们似乎不懂得,入侵部队乘风破浪地渡过40多公里通常是白浪滔天的英吉利海峡进入英国本土,与攻过1公里宽的维斯杜拉河进入波兰或2公里多宽的莱茵河打进法国,有着天壤之别。

雷德尔的同事们认为,一般的渡河作战德军已很熟练了,他们只需要对此作两处修改。一是用德国空军的轰炸机代替地面的炮兵;二是让海军承担运输任务,而这项任务过去通常是由陆军运输部队完成的。

高级将领们的这种轻率的态度,使雷德尔十分震惊。他深知,由海路登陆这种作战方式,德军并没有仔细地训练过。而且他明白,他的海军并不具备保护和维持"海狮"计划在320公里宽的正面上实施作战所需的足够的船只。当他提出缩短战线时,陆军的将领们反驳说,这等于把他们的军队"直接送进绞肉机"。

对于高级将领们的分歧,希特勒作出了裁定,他将战线比原定的缩短了一些,减掉了怀特岛以西的地区。

尽管雷德尔的疑虑仍然未被打消,但德国陆军却深信"海狮"行动能够成功。陆军总司令布劳希奇将军和陆军参谋长哈尔德将军都向希特勒保证,他们将全力以赴地执行这个作战计划,而且一定能够取得胜利。然而,他们却提出了一个非常关键的要求,即:在海路入侵英国的战斗打响之前,德国空军必须先削弱英国皇家空军的战斗力,并完全摧毁英国的空中防御力量。

这两位将军太高明了,他们把球扔给了空军司令戈林元帅,为自己留了一条退路。这样一来他们便同时赢得了雷德尔的大力支持。后来雷德尔回忆说,当他得知这一部署时才放下心来。这将使他的海军在两个意义上摆脱困境。如果德国空军没能击败皇家空军,那么就不会从海上入侵，而雷德尔也不必用他所剩的海军力量去与强大的皇家海军相抗衡了。反之，如果皇家空军被击溃，海路登陆开始，希特勒就会担任最高指挥，这样，以后的罪责（当然也许是功劳）就都是他的了。

然而，这时希特勒还没有最后确定非要实施"海狮"计划，他打算再给英国最后一次采取"理智"态度的机会。

7月19日，希特勒在柏林的克罗尔歌剧院召集了一次特别引人注目的国会会议。

希特勒的将军们在剧院的前排就座，包厢里挤满了各国的外交官。这些外交官听到的传闻说，元首今晚将提出一项最后的和平建议。

希特勒以其出色的表演技巧扮演了一个伟大征服者的形象。他一改以前那种歇斯底里、大喊大叫的风格，以十分温和的语调开始了自己的发言。

他在演讲中大力颂扬德国在这场战争中已取得的胜利后，将话锋转向英国对待战争与和平的态度。他说：

现在我从英国只听到一个呼声：战争必须进行下去！但这不是人民的声音，而是政客的声音。我不知道这些政客对于这场战争继续下去会有什么结果，是否有了一个正确的概念……

请相信我吧，先生们，我对于这种毁灭整个国家的无耻政客，是深感厌恶的……丘吉尔先生无疑会去加拿大，那些特别热衷于战争的人们的金钱和子女早就送到加拿大去了。但是千百万人民将开始遭受大灾大难。丘吉尔先生这一次也许会相信我的预言：一个伟大的帝国——一个我从来也不想毁灭甚至不想伤害的伟大帝国，将遭到毁灭……

现在，我觉得在良心上有责任再一次呼吁英国和其他国家拿出理智和常识来，我认为我是有资格做出这种呼吁的，因为我并不是乞求恩惠的战败者，而是以理智的名义在说话的胜利者。我实在看不出为什么要把这场战争继续打下去。

就在希特勒进行演讲的当天晚上，德国的飞机飞到英国，撒下了印着希特勒演讲全文的传单。传单上说，德国要"使你们了解你们的政府向你们掩盖的事实"。

德国人有些过虑了。实际上，英国的广播已全文播送了这篇演说，并将希特勒的讲话在报纸上全文刊载。对希特勒的战争恐吓，英国政府认为没有必要进行封锁，相反，应当让全体英国人民知道，让他们对此有所准备。

十分有趣的是，就在希特勒结束讲演后不到一个小时，英国广播公司就作出了一个强硬的而且完全是自发的回答。

英国广播公司的播音员兼记者德尔默，听了希特勒的演讲后义愤填膺，他在没得到政府

▶ 面对希特勒的不断挑衅，丘吉尔针锋相对。这是他在发表演讲。

许可的情况下，就独自做出了反应。他用德语直接对元首说："对于你所呼吁的什么理智与常识，让我来告诉你我们这些英国人是怎么想的吧。元首先生，我们要把它扔还给你——塞进你那张恶毒的臭嘴里！"

丘吉尔本想对希特勒的和平建议在上、下两院都进行一场正式辩论，但同僚们都认为这样未免小题大做。7月22日，哈利法克斯勋爵在广播中正式拒绝了希特勒的建议："除非自由确有保障，否则我们决不停止战斗。"

希特勒还没有放弃最后一线希望，他派人继续在幕后进行外交活动。

8月3日，瑞典国王认为和英国政府商谈此事的时机已经到了，并试探英国的态度，但英国外交部门则照样给予了强硬的回答。

在英国外交部发言人谈话后，丘吉尔也向新闻界发表了声明：

首相希望大家了解，德国企图进攻的可能性绝没有完结。德国人正在散播谣言，说他们不打算进攻，对于他们所说的话，我们历来表示怀疑，对于这个谣言就更应该加倍怀疑了。我们感觉到，我们的力量在日益增长，准备也日益充分，但决不可因此丝毫放松警惕，在精神上有所松弛。

英国人的这种态度，使许多德国人难以置信。"你能理解那些英国傻瓜吗？"他们不禁互相询问："现在还拒绝和平，他们是不是发疯了？"7月22日哈利法克斯在广播中拒绝了希特勒的和平建议后，德国政府发言人更是向新闻记者们大呼小叫："哈利法克斯勋爵已拒绝元首的和平建议。先生们，将要打仗了！"

英国人的民族反抗精神和钢铁般的意志，令德国参谋部的大部分人惊讶不已。但是同时，德国的高级将领们也松了一口气，因为事到如今，他们又可以打开希特勒已关上的刹车，使纳粹的战争机器再度运转起来。

对于希特勒的演说，虽然英国人不以为然，可德国将领们却为之一振。因为希特勒在演说时宣布，他要把手下的十几位将军提升为陆军元帅，以嘉奖他们在征服波兰和法国时的业绩。被提升的十几位元帅中，有三位是德国空军的将军：米尔契、凯塞林和斯比埃尔。

最兴奋的当数空军司令戈林，因为他得到了一项特殊的奖励。元首亲自宣读了这份嘉奖令：

"鉴于他对胜利所作的重大贡献，我特此授予德国空军的创始人大德意志帝国的帝国元帅的军衔，并授予铁十字的大十字勋章。"

在德国军队的历史上，从未有人得到过这种军衔。为了纪念这个非同寻常的时刻，戈林在他柏林的住处莱比锡格宫邀几位朋友们举行了一次晚宴。

几天之后，帝国元帅戈林开始工作了。8月6日，他召集手下的空军高级将领，其中包括刚提升的陆军元帅米尔契、凯塞林和斯比埃尔，在东普鲁士那幢豪华的乡村别墅卡琳厅举行了一次会议，这个别墅是戈林以他前妻的名字命名的。

戈林在会上宣布，从现在开始，对英国空军防卫力量的攻击将要逐步加强，直至摧毁英国皇家空军。德国空军将全力以赴地进攻英国。行动开始的时间称为"鹰日"，定在8月10日。

戈林还宣布说："我已告诉元首，英国皇家空军将及时被消灭，以使'海狮'行动能在9月15日之前进行，那时，我们的德国士兵将在英国本土登陆。"

戈林还不经意地补充说："我认为我给空军用来消灭英国皇家空军的时间绰绰有余，德国空军的力量，一定能在9月15日之前使英国陷于不堪一击的绝境。"

当有人提醒他不要低估了英国皇家空军的力量时，他语调傲慢而轻蔑地说："德国在各个方面都优人一等，无论是飞行员的素质还是飞机的性能。而且，德国空军在数量上比皇家空军占优势，至少是2比1，这样德国就有足够的后备力量作为后援。"

后来的事实证明，这位新产生的帝国元帅所作的乐观估计是完全错误的。他对英国实力的轻蔑估计将使他和他的德国在今后的几周和几个月内付出惨痛的代价。

▲ 英国士兵在国内加紧训练，积极备战。这是突击队正在进行登陆演习。

第三章

英伦三岛积极备战

对于英国来说，1940 年的夏天是一个极不寻常的夏天，在整个炎热的夏季，誓死抵抗、保卫家园的战斗气氛，笼罩着这个近 1,000 年未遭侵略的古老帝国。准备战争的热度，甚至高于太阳照射的热度。

No.1　英伦三岛总动员

英国人民具有那种既乐观又沉着的气质，有了这种气质就可挽回颓局。英国人在战前的岁月里曾陷入极端和平主义而又缺乏远见，他们沉迷于政党政治的角逐，他们疏于防备，却又漫不经心地涉猎于欧洲事务的中心，现在他们面对着一项任务：要同时清算他们过去的善良心意和疏忽的安排了。他们一点也不感到沮丧。他们藐视那些欧洲的征服者。看来，他们宁愿血染他们的英伦本土，也不愿投降。这在历史上会写下光荣的一页的。这一类故事过去有的是，雅典人曾经被斯巴达所征服，迦太基人曾经独力抗击过罗马，还有好多悲剧根本没有记载或被人们永远遗忘：有些英勇、自豪和遇事达观的国家，甚至整个民族遭到消灭，留下来的只是他们的名字，有的甚至连名字也失传了。

岛国的地位有其独特的军事技术上的有利条件，了解这一点的英国人并不多，而外国人则更少；甚至在战前那些举棋不定的年代里，怎样在海防以及后来在空防上保持重要设施这一点，也不是人们普遍认识得到的。不列颠人在英格兰土地上看到敌人的营火，已经是将近一千年以前的事了。

在不列颠抗战的高潮时，每一个人都表现得很沉着，宁愿豁出自己的性命去决一死战。这就是英国人的心情，全世界无论是敌是友都逐渐认清了这一点。这种心情的根据是什么呢？那就是只有用暴力才能解决问题。

事情还有另外一方面。6月间最大的危机之一是：把最后的后备部队也调到法国参加法军劳而无功的抵抗，同时，空军实力又由于出击或向大陆转移而逐渐遭到削弱。如果希特勒具有过人的智慧，他就会放慢进攻法国战线的速度，或者在敦刻尔克之后在塞纳河一线停三四个星期，同时，进行侵略英国的准备。这样，他就有很大的选择的余地，使英国左右为难：或者抛弃法国，让它去受苦；或者为了英国将来的生存耗尽最后的资源。英国愈鼓动法国打下去，对它承担的支援义务就愈大，防卫英国的一切准备工作就愈加困难，尤其是更难保住有关英国生死存亡的 25 个战斗机中队。在这一点上，是寸步不让的，但是，如果拒绝的话，便一定会引起正在挣扎搏斗的盟国的无比愤慨，毒害一切关系。一

▲ 英国妇女儿童们在专人的引导下走上疏散列车。

些高级司令官在谈到当前新的大大简单化了的局面时，甚至表现出一种实际的宽慰态度。正如伦敦的一个军人俱乐部的一名侍者对一个垂头丧气的会员说："不管怎样说，先生，我们已经参加了这场决赛，而且就在咱们自家的运动场上决赛咧！"

纵观英伦三岛，随处可见鼓动做好迎战德军入侵准备的宣传画和大幅标语，自发的保家卫国演讲和集会频频召开。人们开始在城郊和市区主要路口修筑防御工事，清理火场，架设铁丝网。市民们接受政府发放的武器弹药。在伦敦广场和屋顶的平台上，民众们开始进行军事训练。连旅馆侍者也加入救护队，开电梯的服务生逢到休息日便去挖战壕……

所有的军工厂都开足马力，工人们夜以继日地加班加点生产各式武器和军用品，从飞机、大炮、坦克到步枪、子弹、钢盔……

伦敦的夏日常有晨雾，当浓雾消散时，阳光特别灿烂。碧波闪亮的泰晤士河水像条急速银带，把这座大都市分割开来。绿树掩映的大街小道上，人来车往，川流不息，市区的高楼大厦鳞次栉比，远处的工厂烟囱林立，烟云缭绕。威斯敏斯特教堂尖尖的塔顶高耸入云，教堂大钟"当当"敲起来，四周教堂也遥相呼应，洪亮的钟声此起彼伏，在伦敦上空久久回响。伦敦城风景依旧，不同的是，在人们心头蒙上了一层战争的阴影。

政府颁布了许多战时法令，告诫英国市民务必随身携带防毒面具，居民外出须带上身份证、补给证和其他配给票证。工人和机关工作人员须带出入证。私人轿车的两翼和保险杠都要涂成白颜色，车灯罩上塑料遮护镜，居民寓所的窗户用一条条细纸条交叉糊上，以防炸弹震碎玻璃。家家摆满一桶桶沙子和水，以备灭火。几乎所有的家庭都开始储备食品和各种生活用品，以便在德军入侵切断补给源时，仍可维持一家人的生计。

6月28日，丘吉尔要求参谋长委员会组织坚固的防御，封锁可能遭受袭击的海滩，对东海岸的港口采取安全措施，在需要设防的海岸部署守备部队，如敌人占领某个港口，需采取坚决措施进行反击。根据受威胁程度，把英国南部作为"采取最高戒备措施的地区"。1940年夏，英国本土共有机场和油库324处，雷达站51个。海军在一些水域布设水雷，在便于登陆的海滩设置障碍，陆军则构筑坚固的防线，挖掘反坦克壕，建筑混凝土掩体。英国还实行"公民之战"，到1941年2月，共建有250万个家庭防空洞，在伦敦，80%的人可以进入防空洞。

丘吉尔对可能遭入侵的地区进行了一系列视察，在肯特郡和苏塞克斯郡观看了军事演习，在哈里奇和多佛尔视察了防御工事。他还到东北沿海一带视察，极大地鼓舞了军民的士气。《泰晤士报》曾报道说：

在他经过一个小村庄时，人们很快认出了他，举帽和挥手向他致意。丘吉尔先生似乎处于最佳精神状态之中，他对人们表示感谢，笑容满面……如果丘吉尔的微笑是一种表示满

意的尺度的话，他诚然是很满意的。首相还视察了英国东北部的一个造船厂，他在那里待了一个小时，也很快被认了出来，人们大声向他欢呼……工人们的妻子聚集在造船厂的大门口，丘吉尔先生被热烈欢迎他的气氛所感动，大声问道："我们泄气了吗？"妇女们高声回答："不！"。

丘吉尔还借助于广播，利用其前任从未用过的方式直接向全国军民发表演说，以坚强的决心和必胜的信念激发大家的战斗勇气。据估计，全国有64%以上的成年人收听了他于7月14日发表的广播讲话并被感动。小说家兼诗人维塔·萨克维尔－韦斯特曾在给她丈夫的信中

▲ 英国儿童在老师的引导下进入防空洞。

写道：

　　"我想，人们之所以被他所使用的伊丽莎白时代的词句所打动，原因之一就是人们感到，在这些词句背后，有着像一座坚强堡垒那样巨大的力量和决心全力支持着，而绝不是字斟句酌、咬文嚼字的缘故。"

　　战争带来的不仅仅是双方的胜负，恐怕更多的是物质的损毁和人员的伤亡。千百年来，战争始终伴随着人类文明的每一阶段，无疑，它推动了人类的发展进步，同时也吞噬了无数的财富和肉体，这种代价是无法用数字来表示的。

　　面对即将来临的大战，英国政府开始了一系列的疏散行动，以充分减少物质和人员在战争中的损失量。

　　首先，国家银行储备的黄金开始外运。第一批黄金于 7 月 24 日装上"埃默拉尔德"号巡洋舰，运往加拿大。以后又接连用战舰或快速商船将黄金分批运抵加拿大港口，然后，再由重兵把守、戒备森严的专列把这些黄金转运到蒙特利尔大金库。为保密起见，这笔黄金在运送期间的代号为"鱼"。这是有史以来最大规模的金融运输，也是最大胆的一次金融运输。英国人实在是太幸运了，自始至终竟然没有一艘运输黄金的船遭德国海军袭击。这真是一个奇迹。这笔财富，后来被英政府用来购买美国舰艇等装备和物资，在保卫英国的战争中发挥了极其重要的作用。

　　其次，英国政府将撤离和疏散儿童的工作列为最紧急的任务，并且建立了专门负责儿童撤离的机构——英国儿童海外接收委员会。

　　撤离伦敦的计划有条不紊、井然有序地进行着。近 5,000 名 5 岁至 15 岁的孩子被船运到大英帝国自治领地，近 2,000 名儿童被撤运到美国，还有 2,666 名儿童等待撤运。与此同时，在英伦诸岛，孩子们也正被撤出伦敦等城镇以及东南沿海地区。

　　美国政府照会德国政府，要求保证撤运英国儿童舰船的行驶安全，遭到德国的无理拒绝。9 月 17 日，载有 320 名孩子的"贝拿勒斯城"号鱼雷艇被德国一艘潜艇击沉，300 多名儿童丧生，只有 11 人生还。这一海难事件使人们不愿再冒险将孩子们送走。10 月 2 日，英政府停止了整个海外撤运活动。一周后，已将近千名孩子撤出英国的一些美国志愿机构也中止了有关活动。

另外，为了使居住在英国的美国人免遭纳粹战争的洗劫，5月17日，美国驻英国大使馆通知所有在英国的美国公民（大约4,000人）尽快返回美国，无法回国的美国公民尽快撤离大城市和军事战略要地，去非人口稠密区居住。7月7日，美国大使馆发布特急警告："这可能是战前最后一次呼吁美国公民回国。"大多数美国公民听命回国。也有许多美国人出于对希特勒倒行逆施的深恶痛绝和被英国人民的勇敢精神所感动，决意留下来和英国人民并肩战斗。7月初，留在伦敦的美国人组建了美国第1国民警备中队。该中队有60多人，中队长为美国人韦德·海斯将军。他们一律身着佩戴红肩章的英国国民队队服。

No.2　整军备战

丘吉尔认为，要拯救英国，只有同美国结盟，争得美国的援助，舍此别无出路。他于5月15日致罗斯福总统的电报中要求："借用你们40或50艘较旧驱逐舰，以弥补我们现有舰只和我们从战争开始时就着手建造的大批新舰艇服役之前的差缺。明年这个时候，我们就有足够的舰只了。但是，如果在这段差缺期间，意大利参加进来，又用100艘潜艇向我们进攻，我们就可能濒于崩溃。"在6月11日的电报中再次谈到这件事情："对我们来说，最重要不过的，就是要把你们已经重新装备好的30或40艘旧驱逐舰拿到手。我们可以很快地给它们装上我们的潜艇探测器……今后的6个月是至关重要的。"到7月底，英国已经单独作战，并开始进行决定命运的空战，鉴于空战之后敌军有立即入侵的可能，所以他重新提出要求。丘吉尔充分了解罗斯福的好意和他的困难，因此，在每次电报中都使用坦率的词句，竭力向他说明，如果英国一旦崩溃、希特勒称霸欧洲，掌握了欧洲所有的造船厂和海军，则美国将处于多么危险的境地。

丘吉尔6月间发出的电报，由于强调了如果敌人登陆成功并征服英伦，将给美国带来多么严重的后果，所以在美国的高级官员中起了相当大的作用。华盛顿要求英国保证，在任何情况下都绝不将英国舰队交与德国。英国当然准备以最庄严的方式提出这种保证。既然已准备牺牲，就不怕提出保证。然而，在这敌人即将登陆的前夕和空战最激烈的时刻，丘吉尔不愿意让德国人知道英国人曾经设想过这类万一发生的事情并从而得到鼓舞。

5月18日，丘吉尔再次致电罗斯福，强调"英国不久就要遭到荷兰所遭到的那种攻击……如果美国要发挥作用的话，就必须从速发挥"。罗斯福认为："合众国眼前最有效的防御就是大不列颠成功地保卫它自己。"美国也很需要英国继续与法西斯战斗。6月间，美国援助

英国 50 万支步枪、5.5 万支冲锋枪，2.2 万挺机枪、895 门野战炮。9 月 3 日，英美两国达成协议，英国将纽芬兰、百慕大、巴哈马群岛、牙买加、安提瓜、圣卢西亚、特立尼达和英属圭亚那等 8 个空军基地租借给美国，租期 99 年，美国则给英国 50 艘旧驱逐舰，以加强大西洋的反潜活动。9 月 6 日，首批 8 艘旧驱逐舰移交给英国。

在敦刻尔克大撤退后，英国军队虽保存了一定实力，但装备大量丢弃，损失惨重。

针对这种情况，英国战时内阁采取紧急措施，加强防御。陆军计划在 7 月份达到 44 个师；空军有"喷火"式和"飓风"式战斗机 620 架，后备飞机 289 架；海军实力超过德国海军，有 1,000 多艘巡逻艇，其中 200 余艘在海上巡逻，大部分驱逐舰也从执行护航任务抽回，以对付德国的入侵。英国还组织机动部队，准备打击入侵者。1940 年 5 ～ 8 月，国民自卫军已有 100 万人，准备发展到 150 万人。为抗击德军登陆，在英国南部和东南海岸修建油池，准备在德军舰船驶近海岸时进行"火攻"。6 ～ 8 月，英国计划生产飞机 903 架，（实际生产 1,418 架）。6 月 6 日，第一批 8 个营的兵力从印度启程，7 月 25 日赶到英国加强防务。此外，从澳大利亚抽调的部队也已启程，准备参加登陆作战。

不列颠空战前夕，英国空军部成立了防空指挥部，司令是爱德华·比尔上将，统一指挥全国所有的战斗机、高射炮、雷达和警报部队。战斗机部队共计 56 个中队，战斗机 980 架，

◀ 英国从美国租借的船只正驶往英国本土。

▶ 英国雷达成为探测德军飞机的主要工具，它可以探测到 200 公里内的飞机。

其中性能优秀的"飓风"和"喷火"战斗机 688 架；高射炮部队共计 7 个师，高射炮 4,000 余门，但其中大口径高射炮不足 2,000 门，而且由于大口径高射炮月产量仅 40 门，短时期里数量难以增加，因此英军调整了部署，将约 700 门大口径高射炮配置在飞机制造厂；防空拦阻气球大队 5 个，拦阻气球 1,500 余个，这些拦阻气球都系在汽车上，可以迅速转移；探照灯 2,700 具。最重要的是英军还有当时鲜为人知的雷达部队。英国是最早将雷达投入实战的国家，至 1940 年 7 月全国共建成雷达站 51 座，其中东南沿海地区有 38 座，约占总数的 75%，形成了严密的雷达警戒体系，分为两个层次，第一层是中高空防空雷达系统，能有效发现飞行高度在 4,500 米以下的飞机，第二层是低空防空雷达系统，能有效发现飞行高度在 750 米以下的飞机。这样英军就能通过雷达测出德军飞机来袭的大致方位和时间，指挥己方战斗机在有利方位和时间迎击。而在雷达使用之前，通常都是派出战斗机在空中巡逻，由战斗机发现来袭敌机，使用雷达后，英军战斗机的每次起飞，都是有目的的迎战，极大减少了飞机、燃料和人员体力的消耗，很大程度上弥补了飞机数量不足的缺陷。因此雷达无疑是英军取得胜利的最重要的王牌！此外，英国还有一支人数达 150 万的国民自卫军，他们在沿海地区设置了无数防空监视哨，使用双筒望远镜和简易的方位测向仪，担负对空监视、警戒、救护等任务，是英军正规部队不可或缺的辅助力量。

6 月 25 日，英国本土部队总司令艾恩赛德将军制定了防御计划，主要包括：在沿海敌军可能进犯的海滩修筑"覆盖式"战壕；建立一条穿过英国东部中心的反坦克障碍，由国民自卫军防守；后备部队部署在反坦克障碍后面，以便组织反击。在伦敦设总司令部，下设 7 个指挥部。

8 月初，划定三道防线阻击德军入侵，"敌人的港口"为防御敌人入侵的第一道防线，用空中侦察和潜艇监视获取情报，用一切兵力袭击敌船只；严密的海上巡逻作为第二道防线，截击敌入侵部队；敌人登陆地点是第三道防线，组织海空军不断反击。最后是机动部队对登陆敌人进行反击。

9 月间，英军在南部海岸线部署了 16 个精锐师，包括 3 个装甲旅，拥有 240 辆中型坦克、108 辆重型坦克、514 辆轻型坦克、498 门反坦克炮。

9 月 7 日 20 时，英本土总司令部根据参谋长委员会下达的待命指示，对东岸和南岸指挥部以及伦敦地区的所有部队发布代号为"克伦威尔"的密令，指出德军的登陆行动已迫在眉睫。

9 月 8 日，英军参谋长委员会要求本土总司令规定一个特定的中等程度戒备的信号，以便遇到情况时能按等级加强战备。

9 月 11 日，丘吉尔在下院指出："下星期前后，是我国历史上非常重要的时期，可以与西班牙无敌舰队逼近英吉利海峡的那些日子相提并论。"

尽管英国采取了以上措施，加强了防务，但形势仍很严峻。丘吉尔在 1942 年回顾这段历史时说："1940 年，入侵的军队大约只要有 15 万精兵，就能使我们十室九空，生灵涂炭。"

No.3 "弩炮"计划

德军要从英吉利海峡入侵英国，必须有强大的海军力量，而德国的海军力量要弱于英国。但是，当 1940 年 6 月 22 日法国投降之后，法国的海军力量就成了德国海上力量的一部分了。如果这支位居世界第四的海军力量与德国海军力量融为一体，那对英国是极为不利的。为了削弱德国的海上力量，丘吉尔在战时内阁做出了他自己认为是一生中"最违背天性"的决策——"弩炮"作战计划。

这个计划要求，尽可能地解除法国舰队的武装，夺取、控制法国海军的舰艇，或使之失去作用，在必要时将其击毁。战争就是这样，昨天还是亲朋挚友，今日必须将其作为敌人，甚至将其歼灭。

由法国海军让·苏尔将军统帅的一支舰队，停泊在地中海西端奥兰附近海面上。这支舰

▲ 英军船队满载着战略物资驶往英国南部。

队包括法国最优秀的巡洋舰"敦刻尔克"号和"斯特拉斯堡"号，以及1艘航空母舰、2艘战列舰和一大批驱逐舰等，这是一支具有强大实力的舰队。

7月2日，英国"H"舰队萨默维尔中将要求与让·苏尔面谈，但遭到拒绝。9时30分，萨默维尔中将向法军舰队司令递交了英国政府的函件：

……我们必须真正做到：法国海军最精锐的舰只不致被敌人用来攻打我们。在这种情况下，英王陛下政府指示我要求现在在米尔斯克和奥兰的法国舰队根据下列办法之一行事：（甲）和我们一起航行，继续为取得对德国和意大利战争的胜利而战。（乙）裁减船员，在我们的监督之下开往英国港口……（丙）随同我们一起开往印度尼西亚群岛的一个法国港口，例如马提尼克，在那里完全按照我们的要求解除舰只的武装。

……如果你们拒绝这些公平合理的建议，那么，我们谨以最深的歉意，要求你们在6小时以内把你们的舰只凿沉。最后，如果你们未能遵照上述办法行事，那么，我只好根据英王陛下政府的命令，使用一切必要的力量，阻止你们的舰只落入德国或意大利之手。

持续一整天的谈判毫无结果，在这种情况下英军只能诉诸武力。

17时24分，英国皇家海军"H"舰队向法国这支拥有岸上炮火掩护的舰队发起了攻击。从"皇家方舟"号航空母舰上起飞的飞机，向海面上的法军舰只投掷炸弹。

平静的海面刹那间成为一片火海，熊熊火光映在黑油油的水面上，大火和浓烟散发出令人窒息的气味。在英国舰炮轰击10分钟后，法军战列舰"布列塔尼"号被炸毁，"敦刻尔克"号搁浅，战列舰"普罗旺斯"号冲上了沙滩，"斯特拉斯堡"号逃走……

同一天，在英国的朴次茅斯和普利茅斯港，英国海军采取出其不意的突然行动，夺获了所有停泊在那里的法国舰只，并加以控制。在不列颠，除"苏尔古夫"号上有极少量死伤外，其余舰只都顺利移交。在亚历山大港，法国舰队司令戈德弗鲁瓦和英国舰队司令坎宁经过长时间谈判后，同意放出自己所有舰船上的燃油，卸掉大炮装置主要部分，并遣返部分船员。

7月4日，丘吉尔在下院说明了政府被迫采取这一果断举措的原因，是由于法国方面在保证舰队不落入德国人之手、保证将俘获的约400名德国飞行员送往英国、保证不单独签署停战协定、保证将停战文本事先通知盟国等所有问题上没有一项承诺得到兑现。

7月8日，英国皇家航空母舰"赫尔米兹"号向停泊在达喀尔的法国战列舰"黎歇留"号发动了进攻。"黎歇留"号被1枚空投鱼雷击中，受到重创。而停泊在法属西印度群岛的法国航空母舰和2艘轻巡洋舰经谈判，根据与美国达成的协议解除了武装。

这样，法国海军的作战能力基本丧失。希特勒企图依靠法国海军增强自己海军实力的梦想破灭了。

▲ 英军飞机正在英国上空编队飞行。

第四章

利剑争锋

　　工欲善其事，必先利其器。当双方的架式拉开，一场生死决斗即将开始时，双方的兵器优劣相当大程度上决定了最终的结果。虽然德军在数量上占有相当的优势，然而军事上历来信奉兵贵精的信条，英军在质量和性能上的领先能否占有胜利把握呢？战争就是这样，由于有太多的不确定，因而令无数英雄豪杰为之倾倒。

No.1　英德军力对比

1938 年，英国的林德伯格上校在访德期间，参观了德国的飞机场和飞机制造工厂，他返回英国后，于 9 月 22 日给美国驻英国大使肯尼迪写了一份备忘录，在备忘录中有这样一段话：

"我敢肯定，德国的空中实力强于欧洲其他所有国家加在一起的空军总和，而德国仍在继续加强他们的领先地位……只要德国人愿意，他们就足以毁掉伦敦、巴黎和布拉格。英国和法国的现代化军用飞机加起来都不够用以有效地防御和反击。"

林德伯格的这个判断传开后，使许多国家的空军军官和政府领导人都认为德国只靠轰炸机就能赢得战争的胜利。

1939 年 9 月大战爆发后，德国空军在波兰的表现进一步巩固了它那不可战胜的形象。他们全歼波兰空军，并重创华沙。而在 1940 年 5 月，当鹿特丹市被化为瓦砾时，德国空军的强大似乎已是无可争议的了。

1940 年夏，德国空军大约有 4,500 架随时可以参加战斗的飞机，英国皇家空军只有 2,900 架。如果只看数量不看质量，德国当然在英国之上。但是，德国飞机存在着不少的薄弱环节。

德国最好的中型轰炸机是"容克－88"，这是一种航程为 2,100 公里、声音刺耳的高速飞机。虽然这种飞机的性能不错，但是它在不列颠战役打响时才刚刚投入生产。这样一来，德国空军中型轰炸机的主力就只有"多尼尔－17"和"海因克尔－111"了。这两种型号的飞机航程距离都比较短，而且在某些角度容易受到战斗机的攻击。

德国的另一种战机"容克－87"俯冲轰炸机，又称"施图卡"式飞机，在对付波罗的海上的波兰军舰、维斯杜拉平原上的波兰部队、挪威沿海的英军运输船以及比利时和法国的盟军步兵时，都十分有效。该机在下扑时可以完全瞄准目标，成了一种从空中对目标射击的大炮，所以炸弹落点极为准确，而且它的机翼装置能发出一种令人毛骨悚然的尖叫声，在轰炸

◀ 正在空中执行巡逻任务的英国"喷火"式战斗机。

▲ 德国容克—88 轰炸机，这种飞机在英吉利海峡战役中出尽了风头。

目标时能给敌人造成恐慌。但面对作战飞行速度快的战斗机，"施图卡"则完全不堪一击。一旦它离队俯冲，用皇家空军飞行员的话来说，它就会"像蜜糖招苍蝇那样"引来敌方的战斗机。"施图卡"没有向后方射击的武器，无法赶走从后面进攻的战斗机，而且，由于它的载弹舱在机身下面，由载弹舱引起的空气阻力使它的俯冲速度相对放慢，每小时的最大速度只有240公里。这样，快速进攻的战斗机就有足够的时间追击"施图卡"。

德国空军主要的战斗机是庞大可怕的"梅塞施密特－109"，它的最大时速为 560 公里，是当时世界上空军现役飞机中最快的一种。但是，由于德国空军的战略是突出援助地面部队的轰炸机优势，所以没有生产出足够的"梅－109"型飞机。"梅－109"如果在自由飞行作战对付英国的战斗机时，或用于击落英国的轰炸机，可以发挥十分出色的作用，但戈林却坚持把它作为护航机，护卫那些将在英国投下毁灭性炸弹的轰炸机机队。这样一来，就大大限制了这种飞机作战效能的发挥。当"梅－109"的飞行员被迫飞在轰炸机旁当保镖时，他们就觉得自己像一匹小马驹，跟着一群嗜血成性的野牛当侍从，毫无用武之地。

　　"梅－109"有一个致命的弱点，就是它的航程太短。这种单引擎飞机，只能携带飞行80分钟航程的燃料。即使让它从离英国最近的法国基地起飞，在上升到足够的高度并飞到英国海岸也需要30分钟，返回基地再用30分钟，在英国上空作战的时间就只剩下20分钟了。在不列颠之战中，有大量的"梅－109"飞机没有飞回并不是因为它们被击落，而是因为它们的燃料已耗尽。

　　为了弥补"梅－109"的不足，德国空军生产了"梅－110"。这是一种航程几乎为"梅－109"两倍的双引擎飞机。但是，它的最高时速仅为540公里，与即将和它作战的英国喷火式飞机相比，每小时慢50公里。而且"梅－110"体形大，容易被发现和受到打击，它很笨重，不能很快加速。

　　虽然存在着这些不足，但德国集中在被占领地区用以对英国实施最后一击的庞大机群，仍是一支令人胆寒的力量。戈林和他的将军们完全有理由相信，这支力量马上就会使英国人屈服。参战的德国飞行员们也认为，在德国空军与胜利打开入侵英国的大门之间所存在的，只不过是一道虚弱的英国皇家空军防线。

　　英国皇家空军的实力究竟如何呢？

　　自从战争爆发以来，"飓风"式飞机一直是英国皇家空军的主力。这种飞机坚固可靠，实际上是一种能在空中飞行的炮台。较早的型号装有8挺机枪，后来又增加了4挺。到1940年，有些飞机还装上了20毫米的火炮。但是这种飞机有三个较严重的缺陷。一是它比"梅－109"的速度稍慢一些，二是它的有效飞行的最高限度比"梅－109"低，三是它有一个盲点，敌机可以利用这个盲点从上方偷袭它。

　　皇家空军的另一种飞机"挑战"式是和"飓风"式大小相近的双座飞机，但它没有"飓风"式座舱后的盲点，而且它尾部装有一部4挺机枪的装甲炮塔，火力范围很广。只要德国飞行员将这种飞机误认为是"飓风"式，想从背后袭击时，它就会狠狠地教训他们一顿。但是，一旦德国人学会辨别"挑战"式，这种飞机便很容易受到攻击了。它的飞行速度和爬高速度较慢，而且还缺乏灵活性。

　　在这里，需要多用些笔墨来介绍一下英国的另外一种主力战机，它也是不列颠战役的空中明星，及皇家空军的空中"利箭"，这就是"喷火"式战斗机。

　　"喷火"式战斗机是由超马林公司的S系列水上飞机改进而来的，有良好的研制基础，因此性能比"飓风"式更加出色。

　　20年代初，超马林公司的天才设计师米切尔曾设计制造成了马林S－5型水上单翼轻型机。这种飞机以速度奇快见长，问世后立即代表英国参加"施奈德"杯世界飞行竞速比赛。

"施奈德"杯比赛是当时世界上最具权威的飞机比赛，赛制规定，第一个连续3届获胜者将永远持有奖杯。1927年，S－5型首次参赛，即以500公里时速夺魁。1928年至1929年，该项记录被意大利的马基式飞机打破，超马林公司在S－5型飞机的基础上又发展了S－6型飞机。1929年至1931年连续3次参赛，次次获胜而归，创造了时速608公里的世界记录，将"施奈德"杯永久捧回了英国。后来，它又把时速提高到了640公里。

领受研制新机的任务后，米切尔以S－6型机为原型机，设计出了"喷火"式的原型机。1936年3月5日，原型机试飞成功，飞出了554公里的时速，令人刮目相看。

1938年9月，首批"喷火"式开始在皇家空军服役，编成飞行中队。此时，英国首相张伯伦正在德国慕尼黑与希特勒、墨索里尼沆瀣一气，策划出卖捷克斯洛伐克。企图靠牺牲他国利益来避免战争，换取自己的平安。在"祸水东引"的绥靖主义甚嚣尘上的年代里，"喷火"

▼ 沿海岸线巡逻的英军战机编队。

式的诞生有着不同寻常的意义。多少年以后，英国人士在经历着二战的艰险岁月时总算看到了它的价值，无不为"喷火"式冲破绥靖主义的禁锢及时降生感到庆幸。战史学家亨利·莫尔说："说实在的，大不列颠之所以能拥有堪与'梅－109'相匹敌的战斗机，完全归功于少数有远见的皇家空军军官和爱国人士的努力。"

"喷火"式战斗机装有一台世界名牌发动机，即英国罗尔斯－罗依斯最新型PV－12水冷活塞发动机（后改称"梅林"发动机），它的强大马力达到1,030匹，带动一副4叶螺旋桨。它的气动布局和构造设计也十分成功，不仅赋予其漂亮的外观，而且给了它良好的性能。它的机头呈半纺锤形（半椭圆形），因此机身正面阻力较小。发动机安装在带支撑架的防火壁上，背后便是半硬壳结构的中、后部机身。这是英国第一种设计成功的采用全金属蒙皮的作战飞机。"喷火"式的最大特点，是采用了独特的椭圆平面形悬臂下单翼。这种形状的机翼设

▼ 英军战机在不列颠空战中发挥了巨大的作用。

计与制造都很费时，但却因此获得了最佳升阻比。加之相对厚度较小，使其空气动力性能，尤其是速度得到最大限度的提高。为了减重，机翼翼梁与前缘蒙皮组成封闭的箱形结构，增加了结构比强度。而且左右机翼分别用螺栓与机身连接，并不贯通一体。机翼内用于贮藏燃油、安装主起落架和全部射击武器，翼下安装水冷却器。驾驶舱居机翼后、机身中央，配有半水泡型舱盖，视界较好。

"喷火"式的飞行性能，在二战中始终是第一流的，与同期德国主力机种"梅－109"相比，除航程、装甲、俯冲时的供油等方面略有不及外，在最大时速、火力强度，尤其是飞行机动性方面均遥遥领先。由于"喷火"式的翼载较"梅－109"低，因此在与采用"高速进入，一击就跑"战术的德国战斗机格斗时，常能通过机动夺取攻击主动权，以达到保存自己、消灭敌人的目的。"喷火"式可以在战斗中迂回到"梅－109"飞机的侧翼或混战中绕到"梅－109"的后面去进攻，这使它具有决定生死存亡的优势。在不列颠之战中与"喷火"式交过手的德国王牌飞行员（驾驶"梅－109"）奥斯特曼中尉曾说过："'喷火'式战斗机非常灵活，适合飞特技，翻筋斗、做横滚都很拿手，并能在做这些特技的同时进行射击。可把我们吓坏了。"当然，"喷火"式也有一个严重的不足，它的引擎没有注入燃料的功能，因此，当"喷火"式进行垂直俯冲时，它容易突然熄火，造成机毁人亡。

英国不仅在飞机质量上超过德国，而且它还有一个"空军力量倍增器"——雷达。英国的官员把他们的雷达系统叫做"看不见的堡垒"。

雷达既是 20 世纪军事科技最辉煌的成果，也是 20 世纪最伟大的发明之一。雷达一出现，就向人们显示了它那不凡的能力：它可以探明远距离的物体，并通过分析这些物体表面反射回来的超高频无线电波，判断它们的方位和速度。雷达的使用，彻底改变了空战的面貌。但是，在 1940 年，这种了不起的设备还是一个比较新鲜的事物。

英国的有识之士，在很早以前就把雷达看做是皇家空军和防空防御中价值无比的左膀右臂。力主发展雷达的两位主要人物，是领导国家物理研究所雷达研究的苏格兰物理学家沃森－瓦特和航空部的科学顾问蒂泽德爵士。沃森－瓦特和他领导的一批专家，其中有一些是从纳粹手下逃出来的难民，在整个 1939 年和 1940 年春一直在致力于改进英国各地已建立的雷达网，以扩展它们的监测范围、提高它们的清晰程度。在不列颠战役打响之前，沃森－瓦特就告诉内阁的一个科学顾问委员会，说他的雷达站现在已经能够精确地测定在 150 英里以外升空的飞行物，这一消息使英国当局极为兴奋。

德国人虽然也知道雷达，但它的不幸在于把发展雷达系统的计划交给了海军手中。尽管希特勒的海军将领们也认为这种设备在海上侦察中很有用，但他们没有意识到它在空战中的重要性，因此投入的研究和生产力量远远不够。他们把自己的雷达系统称之为"弗莉娅"，"弗莉娅"是条顿民族的传说中专门保护战死者的女神。

　　德国人一直十分关注英国人在雷达研究方面的进展。1939 年春末，德国曾派他们的大飞艇"齐普林伯爵"号飞过北海，在英国海岸附近游弋，记录所测到的英国雷达波的范围和频率。就在这时，由于飞艇下面的吊篮里所安装的接收器出了毛病，飞艇上的飞行员什么都没听见。当时，英国的雷达监测员正在他们的屏幕上跟踪"齐普林伯爵"号形成的巨大信号，当他们从德国飞艇传回基地的信号中知道德国飞行员一无所获时，欣喜若狂。

　　1940 年夏，在各地的雷达站里，英国监测人员已经开始警惕地注视着英国上空了，从英吉利海峡沿岸的顶西端一直到北海。这些雷达站监视德军飞机在被占领的法国上空的活动，并把这些飞机的活动报告给伦敦城外本特利修道院的皇家空军战斗机指挥部的中心监测室。

　　本特利修道院是一幢 18 世纪的宅第，那里曾住过惠灵顿公爵和尼尔森勋爵这样的客人。这幢被人废弃的破房子，历经沧桑。现在选它为新的目的服务，作为指挥英国空军防御行动的绝密中心，使它又获得了新生。在监测室里，"空军妇女后援队"的成员们根据海岸雷达站传来的报告，在雷达监视地区的巨幅测绘图上及时移动飞机的标记。在监测室的一个观望台上，空军指挥人员可以看到他们下方那张巨幅的测绘图。就在德国机队从法国升空并开始爬坡时，"空军妇女后援队"的成员就着手在测绘图上移动标记了，与此同时，皇家空军的战斗部署也形成了。而在这时，入侵的德国飞行员还蒙在鼓里。

No.2　雷达系统

　　不列颠战役初期阶段的持续时间是 7 月 10 日到 8 月 12 日。在此期间的大部分战况和开始两天基本相同的。德国空军进行的昼间突击，无论规模大小，几乎以港口和海上运输为目标。可是，尽管人们对于德军总参谋部的战略意图有着种种猜测，从德国空军的目的来看，重点似乎不在于破坏港口和击沉船只，而在于消耗英国的防御力量，为尔后大规模的登陆作战创造条件。他们之所以未能达到这一目的，主要是因为他们的作战活动，无论是计划上还是在实施上，都没有最充分地利用英国战斗航空兵的弱点。德国空军参谋部的人员知道英国战斗机的飞行员是听命于地面的，因此认为他们只能在各自的基地附近活动。事实上，英国战斗航空兵的组织指挥并非完全不存在这种缺点，但并不如德国空军参谋部所想象的那样普遍和严重。德国人忽视了英国最近在无线电通信设备方面的改善，雷达操纵人员业务水平的提高，以及从实践中获得的许多有益的经验。德国人给予英国人一切机会，使其从许多错误中获得了教训。德空军本来是应该不经过长期的预演性的活动，而直接对英国空军实施一系列配合周密的凶猛的打击的。这是德国空军在使用原则上所犯的错误。

德国空军的初期进攻作战收效甚微，在一定程度上也可以从一些统计数字上衡量出来。从 7 月 10 日黎明到 8 月 12 日黄昏，德国飞机几乎每天都在海峡上空突击运输船只。然而在从兰兹－恩德角到努累的一段航线上，5 周来只有 3 万吨船舶被飞机炸沉，而每周的航运量几乎达到 100 万吨。在这 34 天里，英国战斗航空兵在昼间共出动 18,000 多架次，平均每天约530 架次。德国空军的出动架次数量不详，但看来要比英国少些。即使如此，英方在局部还是经常处于数量上的劣势地位。在昼间战斗中，英国战斗航空兵仅损失飞机 148 架，其中将近半数是在 8 月第二周的 3 天之内损失的。撇开统计数字不谈，不列颠战役的初期阶段对于进攻的一方也没有什么好处，因为正如前面已经指出的，它使英国战斗航空兵学会了一些有用的东西，而德国空军的作战方针却并未因此而有所改进。

▼ 英国工人正加紧生产坦克以满足前线的需求。

英国防空配系的主要缺点，除了技术装备上的某些不足之处外，仍然是雷达操纵员有时不能可靠地报出敌机的高度和数量，以及各个作战大队有时不能够派出足够多的兵力去迎击敌机。出现这种情况的原因，大多数是由于雷达荧光屏的显示混乱或显示情况不完全。测高不准的原因，往往是由于从发现情况到将该情况在指挥所标出之间有一个时间间隔。来袭的敌机在飞越海峡时可以很快地爬高，因此，即使雷达站报来的最后一个情况是很有根据的，但是大队的指挥人员也难以肯定敌机就是在原来的那个高度上。总的说来，他所采取的比较保险的办法，就是命令他的战斗机飞向比敌人高得多的高度，以减少遭到敌人攻击的危险。但是在多云的天气条件下，这样做的结果又有可能完全错过了敌人，特别是当领队长机出于同样的考虑进一步增加了高度的时候，这种情况有时还是会发生的。纠正的办法就是要根据各中队汇报的情况对敌人的行动规律进行仔细的研究，要作出准确的情况判断，要增强飞行员与指挥人员之间的相互信任。

No.3　顽强的英国人

在不列颠战役开始之前，德国人一直认为英国皇家空军的飞机在 5 月 10 日以来的战斗中伤了元气，基本丧失了作战能力。其实并非如此。

在德国闪击法国的作战中，英国的战斗机的确受到了重创。仅在头三天里，英国皇家空军就有 232 架战斗机被击落，随着战斗越打越激烈，这个数量也在不断上升。法国的军政领导人迫切要求英国皇家空军派出更多的战斗机去法国上空战斗。丘吉尔在答复法国领导人的要求时，向他们保证将派出更多的飞机飞过英吉利海峡。如果丘吉尔真的信守了这个诺言，那么皇家空军的战斗机可能已经被一网打尽了。但是，在皇家空军战斗机指挥部的总司令、空军上将道丁警告丘吉尔，如果他在这个为时已晚的时刻继续向法国派出更多的飞机，那么"无论是在法国，还是在英国本土，我们都将失去空战能力"。道丁把援助一个已经战败的法国的政策称之为"浪费"，他要求把皇家空军的战斗机留在国内，准备迎接英国自己迫在眉睫的苦战。

5 月 16 日，在英国的一次内阁会议上，道丁带来了一张英国皇家空军迄今在战争中所损失的图表。道丁警告说，如果继续让战斗机到法国去冒险，图表上的那条线就会马上降到零点，而且"在法国的失败将连累这个国家遭受全面的、无法挽回的失败"。道丁说，反之，如果国内保持一支足够的战斗机队伍，如果皇家海军的损失不算太大，如果地面上抵御侵略的部队组织得当，"我们也应该能单枪匹马地打一段时间，即使不能永远打下去"。

1940 年时，希尔·道丁已是 58 岁的老人，在皇家空军有"古董"之称。但这个绰号是根据他滴酒不沾的生活方式送给他的，而不是对他指挥作战的看法。虽然他是第一次世界大战时西线皇家飞行军团的老兵，但从来没有人因此嘲笑他是"持操纵杆的那一代人"中的遗老。在热心推动皇家空军的现代化方面，他比他的许多年轻同事更积极。多年来，道丁一直在为英国空军拥有最先进的战斗机而奋斗。他曾逼着航空部给新式飞机装上防弹挡风玻璃，而那些官僚们却认为这是一笔不必要的开支。道丁大发其火，他情绪激动地说："我真是搞不懂，为什么芝加哥的飞车党可以有防弹玻璃，而我们的飞行员却不行！"

由于道丁的努力，飞机最终没有派出。但是，为了赶走德国空军，保护在英吉利海峡穿梭来往的救援船只，英国皇家空军进行了好几场损失严重的恶战，损失了 106 架战斗机和 75 名飞行员。即使如此，回国的士兵仍然抱怨皇家空军没能为他们提供更多的保护。加上 5 月 10 日德国闪电战开始以来的其他损失，皇家空军全部的战斗机减少了 1/4。6 月 5 日，当最后一批船从敦刻尔克回到英国港口时，英国只剩下 466 架可以服役的战斗机，另外仅有 36 架备用。

▼ 英军飞机在空中掩护舰艇编队前进。

应当说，在这时候，德国空军占有较大的力量优势，尤其是数量优势，如果双方在这种态势下交手，德国空军的胜数要大得多。但是，后来出现的两个重要因素，使将要山穷水尽的皇家空军绝处逢生。

首先，希特勒没能在敦刻尔克胜利之后立即进攻英国，这给了英国人一段喘息的时间。"乘胜追击"是用兵的基本原则，如果德军在占领法国后能遵循这一原则，立即对英国发动全面入侵，不仅有可能将皇家空军一举歼灭，而且有可能从总体上将英国打败。但是，希特勒为了他的东线战略，没有这么做。英军利用这段时间，整顿军队，恢复士气，加强训练，并充分做好了抗击德军从海上入侵和从空中进攻的各项准备。

其次，61岁的实干家、出生于加拿大的报刊发行人比弗布鲁克受命负责英国的飞机生产计划。他提出的每周工作7天，"不停歇地工作"，振兴了英国的飞机工业。凡是潜在的原材料都逃不过比弗布鲁克的眼睛。为了收集制造飞机所必需的铝，他呼吁英国妇女把家里所有带这种金属的东西统统拿出来。结果回收了大量的铝锅、铝盘、铝水壶以及吸尘器和浴室设施。在敦刻尔克撤退后的那个月里，英国工人为皇家空军制造了446架新战斗机，比德国人那时为德国空军生产的至少多100架。另外，加拿大和美国的飞机也陆续运到了英国，使英国空军飞机的数量有了很大的增加。

这样一来，德国就丧失了彻底打垮英国空军的最好时机。

▲ 英军舰艇在英吉利海峡中巡逻。

第五章

七月海峡志未酬

　　事实上，纳粹德国在 6 月初就以一小部分兵力开始了对英国的试探性轰炸，企图通过轰炸诱使英国战斗机暴露实力和驻地，以查明英国空军的兵力与部署情况，消耗已疲惫英国空军的战斗力及试探英国防空体系的范围和有效程度。尽管在两个多月的试探性轰炸中，德国差不多攻击了英国所有的海军基地，炸沉船只 45 万余吨，但英国空军的顽强抵抗使"海狮"计划尚未付诸实施即遭到挫折。

No.1 "轻松战斗"

1940 年 7 月，英德双方的空军首先摆开了决战的架式。

参加空袭英国的德国空军部队共有 3 个航空队。第 2 航空队司令为凯塞林元帅，司令部设在比利时的布鲁塞尔附近，负责突击英国东南部的广大地区；第 3 航空队司令为斯比埃尔元帅，司令部设在巴黎市郊，负责突击英国西南部地区；第 5 航空队司令为施登夫大将，司令部设在挪威，负责突击英国的东北部。在荷兰、比利时和法国北部的德军第 2 和第 3 航空队，共有轰炸机 1,232 架、俯冲轰炸机 406 架、远程侦察机 65 架、战斗机 1,095 架。在挪威的第 5 航空队有轰炸机 138 架、远程侦察机 48 架、战斗机 37 架。3 个航空队总计有 3,021 架飞机。

英军参加抗击德军空中进攻的主力是战斗机航空兵，共有 4 个航空队。第 10 航空队司令为布兰德空军少将，下辖 4 个中队，有战斗机 48 架，负责英国的西南地区；第 11 航空队司令为帕克空军少将，下辖 22 个中队，有战斗机 228 架，负责英国的东南地区；第 12 航空队司令为利－马洛里空军少将，下辖 14 个中队，有战斗机 168 架，负责第 10 和 11 航空队以北的中部地区；第 13 航空队司令为索尔空军少将，下辖 14 个中队，有战斗机 168 架，负责英

国的北部地区。英国战斗机航空兵共有 54 个战斗机中队，648 架战斗机。

德国空军为了夺取制空权，确保"海狮"计划的实施，戈林和他的顾问们把空军进攻英国的战斗分作三个阶段：

第一阶段主要在英吉利海峡上空进行，目的是击沉英国的所有商船，打击英国皇家海军的舰只、基地和设施，将企图阻止德国这些行动的皇家空军战斗机予以消灭或逐出天空。

第二阶段是大规模地猛攻英国空军，通过庞大的轰炸机和战斗机综合闪电战，摧毁皇家空军的机场、防御工事和飞机制造厂，使英国空军陷入瘫痪。

在第三阶段，也就是最后一个阶段，德国空军将掩护协助"海狮"行动的实施，由帝国的混合武装占领英伦三岛。

戈林和他的助手们预计，第一阶段征服英吉利海峡的作战不会太困难，用不着动用第 2、3 航空队的全部力量去完成。因此，他们将这项任务交给了两个飞行队，一个是洛泽将军领导的飞行中队，基地在加来多佛尔海峡；另一个是由里希特霍芬将军指挥的飞行中队，基地设在勒阿弗尔。里希特霍芬是德国运用俯冲轰炸机的头号专家。

德国空军的战略家们认为，第一阶段最易得手的部分就是封锁 30 多公里宽的多佛尔海峡，

◀ 德国空军领导人阿道夫·阿兰德（左）与部下在一起。（左图）
英军舰艇上的高射炮向德军轰炸机开火。（右图）

▶ 遭到德机轰炸的英国船队。

▲ 德国轰炸机轰炸了英国的曼彻斯特城。

从大西洋驶来的所有英国船队都必须通过这里进入伦敦港。封锁多佛尔海峡的任务，交给了洛泽将军的一个部下芬克上校。

1940年7月10日，不列颠大空战的序幕拉开了。

7月10日，受来自大西洋北部低气压的影响，英格兰岛的大部地区都下着倾盆大雨，只有紧挨英吉利海峡的岛子东南部和多佛尔一带乌云密布，小雨连绵。中午刚过，海峡上空的云雾便掀开一角，偶尔露出一片晴空。飞行在海峡上空的德国侦察机突然发现了一只英国大型沿海护卫船队，正从福克斯顿驶往多佛尔，船队上空还有英国战斗机护航。当得到英国船队航行的情报后，德军不顾此时天空低云密布，立即调集了20架轰炸机和40架左右的单发或双发（动机）战斗机在空中组成了一个立体编队，向英国海岸扑去。英国船队一发现德军飞机，立即散开，并全速前进。船上的高射炮也以密集的火力射向空中。顿时在德军飞机编队附近，出现了一朵朵高射炮弹爆炸的烟云。看到德军飞机来袭，担任掩护船队任务的英国空军第32中队的6架"飓风式"战斗机在比金·希尔率领下腾空而起，飞行员们准确地向敌机逼近。德军轰炸机飞行员见英军飞机不多，仍坚持对英国船队进行第一轮投弹，商船周围立即炸起了一个个水柱。英国飞行员驾机在德军轰炸机后面紧追不舍。此时，德军飞行员为了干扰英军战斗机截击，实施左右机动飞行。可是，英军战斗机紧紧咬住德军轰炸机不放，把它死死地套在射击环中，猛烈射击。这是6：70的空中肉搏战，英国空军在数量上处于绝对劣势。正当英国空军拼死作战，寡不敌众时，突然又一群矫健的战鹰冲入德军的机群，向它们射出了愤怒的子弹。顷刻之间德军突然感到空中到处都是敌机。原来，当德军飞机编队刚一出发，英国本土搜索雷达网的几个雷达站，就发现在法国加来上空有大批敌机集结。于是，一大批英国"喷火式"战斗机立即从拉姆斯格特附近的曼斯汤机场迅即起飞迎战，以便支援运输船队。这次空战，英军大获全胜，打了一个3：0，英国飞行员全部安全返回，船队闯了过去，只有一条船被击中。

7月11日，德军空军司令戈林发出了新的、更加具体的命令：攻击英国海岸护卫队，诱出英国战斗机。英国战斗机司令道丁元帅识破了德军的意图，只是派一小部分战斗机出来应战一下就走。他现在要把在敦刻尔克和法国北部的损失夺回来，他要重新组建一支强大的战斗机部队。他需要的是时间，哪怕一个星期一天也好。一切迹象表明，德军将要进攻英国本土。道丁元帅希望他们来得越迟越好，他可以用重建的英国战斗机部队对付他们。正因如此，每次战斗英国都慎重用兵，以致商船遭受不少损失。对此，英军战斗机飞行员无法忍受，他们感到对不起国民。因此，多次请求起飞作战，道丁仍然没有批准。自从7月10日的第一场大战之后，在随后的10天德军不断空袭英国运输船队，使用的兵力也日益扩大，英国皇家空军损失了 50 架战斗机。7 月 20 日，有 6 位皇家空军的飞行员身亡，这是迄今伤亡人数最大的一次。德国欣喜若狂，英吉利海峡上空的战斗似乎正在按德国人所希望的发展。此后的英吉利海峡空战几乎每天都有，从 7 月 10 日至 31 日德国损失 180 架飞机，其中 100 架是轰炸机；英国损失 70 架战斗机，约 4 万吨货船被击沉，但是皇家海军的舰艇完好无损。因此，就战斗机的损失而言，双方不相上下，打了个平手。德国空军在摧毁英国战舰上并没有取得多大进展，同时，它也没能使英国空军战斗机飞行员疲于奔命，因为英国空军有意识派少数飞行员参加战斗，德国空军引诱英国战斗机起飞，想在空中加以消灭的企图也已落空。英吉利海峡上空的初战失败并未能打消希特勒吞并英国的野心。相反，他希望"德国空军对英国的伟大空战"立刻开始。

20 架德军轰炸机和 40 多架德军战斗机迅速升空，并在进入英吉利海峡前编好了战斗队形，向英国船队扑去。

升空后不久，德国飞行员就看到了英国船队。皇家空军有 6 架"飓风"式战斗机正在为它们护航。

此时，英国船队也发现了来袭的德国飞机。护航军舰上的高射炮以密集的火力射向空中，炮弹爆炸的烟云在德机周围绽放出朵朵"烟花"。

此时，担任掩护船队任务的英国空军第 32 中队的 6 架"飓风"式战斗机在希尔率领下快速迎了上去。当他们看到强大的德机阵容时，不禁大吃一惊：德机共分为三层，组成立体阵容，在 20 架轰炸机上面是一层近距离支援的"梅－110"战斗机，更高的一层是"梅－109"战斗机。

面对强敌，希尔毫无惧色。他向各机长下达了命令："保持高度，隐蔽接敌。"

在英国战斗机的前方，恰好有一片积雨云，英机巧妙地进入积雨云中隐蔽，伺机躲过 20 架德国的战斗机群，然后向德机飞去。其中英军 3 架"飓风"战斗机直扑德军轰炸机群，另外 3 架向"梅－110"机群猛冲过去，掩护对轰炸机的攻击。

德国轰炸机则趁自己的战斗机缠住英国皇家空军战斗机的空当，进行了第一轮投弹，在商船的周围炸起了一个个水柱。

英国海岸上的高射炮也向德国轰炸机开火射击，但由于轰炸机处于其射程之外，基本没有什么效果。

德国轰炸机开始绕大圈，准备进行第二轮轰炸。

英国飞行员驾机在德军轰炸机后面紧追不舍。此时，德军轰炸机驾驶员为了干扰英军战斗机截击，实施左右机动飞行，可是，英军战斗机紧紧咬住德军轰炸机不放，把它死死地套在瞄准环中，并用力按下了射击按钮。

此时，大批德军战斗机向英机冲来，英机眼看就要陷入德机的包围之中。

突然，空中又出现了几个英国皇家空军的战斗机中队向德国战机快速扑去。

原来，在德国战斗机刚刚起飞时，多佛尔断崖上的英国雷达监测人员就在屏幕上发现了一大片信号。几分钟后，他们证实至少有70架敌机正在飞来，并向设在本特利修道院的战斗机指挥总部做了报告。

英国战斗机指挥部立刻命令附近战区的4个皇家空军大队的飞机紧急起飞，在多佛尔海峡上空会合，增援为船队护航的6架"飓风"式战斗机。

英德双方的战斗机辗转翻滚，进行着激烈的混战，发动机尖厉的吼叫声和机枪的射击声、高射炮弹的爆炸声连成一片。

在英国战斗机的驱逐下，德国轰炸机惊惶失措，仓皇投弹，海面溅起一股股冲天水柱。

这场战斗持续不到30分钟。在战斗中，德国损失轰炸机2架，还有2架战斗机被击落；而数量上处于劣势的皇家空军损失3架战斗机，一只小船被击沉。

▼ 被德机击中的船只冒出冲天的浓烟。

▲ 德空军指挥官乌德特上将（左三）与手下王牌飞行员在一起。

对于双方的第一次交战，英国一位史学家后来用英国人那种典型的轻描淡写的笔法写道，那是一场"轻松的战斗"。

而那个发出第一个警报的德国飞行员则更富于诗意。他说，他看见的是"一场壮观的激战……远远望去，飞机就像一串串葡萄"。

英德双方都找到了自我满足的理由。英国人对不同战区的飞行大队协同作战感到满意，而德国人则为他们成功地引出了这么多的敌机而高兴。他们认为，被引上天的飞机越多，皇家空军也就被消灭得越快。

在芬克上校指挥部外面的那个小花园里，他和他的十几位飞行员喝着香槟酒，举杯相庆，一起展望着他们新的战略宏图。

No.2　空中格斗

7月11日，空战继续在英吉利海峡上空进行。

这一天，单架的德国飞机穿梭不息。英国空军也派遣单架飞机迎战。

一大早，英国皇家空军第85中队的中队长汤森德就坐上他的"飓风"式飞机，冲出地面的雾气，爬升入低云层及大雨中。

空中管制官把他导向3,000米的云层中，去拦截一架德国轰炸机。这架飞机刚刚在英国港口投完炸弹。它一共投下10枚50公斤重的炸弹。

德机的机员们洋洋得意，他们对这次突击甚觉满意。在返回的路上，他们放声高歌"再会强尼……"

云和雨增加了搜索的困难，汤森德累得两眼流泪。他从挡风玻璃的雨刷中望出去，几乎什么也看不见，因此，他揭开座舱罩，把头伸出舱外的滂沱大雨中。

突然，德国机枪手大叫道："注意，猎人！"

几乎在同时，"猎人"汤森德也看到了那架德国轰炸机。那架飞机就在他的左下方不远处。

汤森德一压机头，向德军轰炸机扑了过去。

德国轰炸机看到英国战斗机扑来，急忙采取措施应战。

汤森德用瞄准具套住德机，按下机枪射击按钮很长时间才松开。

"飓风"飞机上的白朗宁机枪一口气发射出几百发子弹，击中了那架轰炸机。

在轰炸机里面，到处是碎片，几乎每个德国机员脸上都沾满了血迹。空气中弥漫着火药味，所有的窗子都被击碎了。机员中的右后机枪手头部中弹。接着，另一名机员头部及喉咙中弹，血流满地。

但是，那架德国飞机仍在昂然飞行，并一直飞回了德军机场。有位德军机员后来回忆说："汤森德赏了那架飞机220颗子弹，它仍飞回了阿拉斯，生还的机员们笑数着机身上的弹洞，他们都感觉自己很幸运。"

德国的飞机非常结实，承受得起大量枪弹，尤其是小口径子弹。这种飞机所以结实，不在于有稳固的线路和木质翼梁，而在于这些金属造的轰炸机有装甲保护，重要的部位都有双

重装置。尤其可贵的是它有自封油箱。在其简单的层面结构中，中间一层是生树胶，当燃油从漏孔中流出时，生树胶即溶解、膨胀而密封漏孔。这天的事件证明，这种装置非常有效，使得严重受创的轰炸机仍能返回基地。

汤森德的机枪不但未能击落那架德国轰炸机，而且他的飞机的冷却系统反而挨了敌机机枪射出的一颗"幸运弹"。当他距离英国海岸还有 35 公里时，发动机不转了。汤森德跳伞后，一艘拖网船驶进水雷区把他救起。

在汤森德起飞后不久，另一个皇家空军的中队长也奉命起飞。他是赫赫有名的贝德。贝德在战前就是战斗机飞行员。在一次飞行意外事故后，他的双腿被锯掉。但战争爆发后，他又获准加入英国空军，再度驾驶战斗机。

大约 7 点钟，贝德在飞机附近的疏散小屋中接到电话，有一架德机沿海岸线飞近英国海岸，管制官希望派"飓风"式战斗机拦截。贝德注视着天空的低云，判断"飓风"式机无法编队飞行，决定自己单刀赴会。

他的对手是德国第 261 气象侦察队的轰炸机。这是一架德军王牌飞机，它曾击落过两架英国"喷火"式战斗机，其中一架系由皇家空军第 66 中队的中队长驾驶，他的油箱被击中。这一次，贝德决心为皇家空军报一箭之仇。

贝德升空后认真搜索，终于发现了那架德国轰炸机。此时，贝德恰好在一处云层下面，德机没有发现他。贝德从容不迫地向德机接近过去。

800 米……700 米……600 米……500 米……400 米……已经离德机只有 300 米了，德机还没有发现他。贝德沉住气，继续向德机接近。当他到达德机后面 250 米处时，德机发现了他。德机后机枪手随即开火。

当德机转向时，贝德射出两串子弹。

德机略作爬升，钻入云层中。

贝德诅咒着，飞回基地，并报告敌机已逃逸。

但稍后不久，电话里传来敌机在他射击后不久即坠入海中的消息。贝德谦虚地表示说，这是幸运之神助他一臂之力。毫无疑问，他的成功得自他的技术及经验，仅凭运气是不足以立此彪功的。

几天后的 7 月 28 日，风云消散，天空再度放晴。大约午后两点，正是英国人在餐桌旁进行周日午餐仪式的时候，发生一件空战中空前绝后的事：英德两位空战英雄在战斗中针锋相对。

"水手"马兰是南非人，战争结束时，是同盟国中几位积分最高的空战英雄之一。他对于英国空军的战术及队形曾有很重要的影响。

▲ 英国王牌飞行员马兰（左）与同伴交流作战经验。

　　马兰出生于南非威灵顿，他身材魁梧，脸上经常挂着和蔼的笑容，任何人也无法从他的外表看出他心中对德国人的深仇大恨。他对他的伙伴说："重创敌人轰炸机使他们返回基地时死在机上，或濒临死亡，比击落他们还痛快，因为这样更能打击德国空军的士气。"他正是这样做的。

　　在 1935 年志愿加入英国空军之前，马兰是一名商船官员。根据他的飞行考官评语，他是一位禀赋优秀，异于常人的飞行员。1940 年 5 月他参加作战时，已是一位飞行小队长。

　　这一天挨马兰子弹的德机，竟是德国战斗机飞行员中备受尊敬的佼佼者——传奇人物莫德斯。他们两位皆被视为第二次世界大战中最伟大的战斗机飞行员。

　　莫德斯年轻英俊，有迷人的脸庞、深邃的眼睛、瘦削的鼻子和薄唇，却很难得有他微笑时拍摄下来的相片。他性格内向，严肃的举止使他获得一个外号"老爹"。他坚决地要求成为一个战斗机飞行员，因而曾像其他许多人一样，极力忍受着晕机的痛楚和煎熬。

　　1940 年之前，莫德斯的航空日志内就记载了歼灭敌机 18 架的战斗记录。他不仅是一位顶尖的空战英雄，还是一个优秀的行政官和热心的教官。虽然许多纳粹党员都反对"老爹"莫

▲ 英国军民正在救助被德军飞机击落的英军飞行员。

德斯天主教的宗教信仰，但是戈林十分确信这档子事不致对莫德斯有何伤害。

1940 年，德国空军决定把铁十字武士勋章颁授给击落敌机 20 架的飞行员。莫德斯是第一位获得这枚勋章的人。他在 29 岁生日之前，已被擢升为"战斗机将军"。

在莫德斯看来，7 月 28 日这天是个吉祥的日子，因为这是他担任德军第 51 战斗机联队长的第一天。这一天，他由于成为德国空军最年轻的联队长而志满意得。

莫德斯率领着 4 个中队的"梅－109"战斗机向英吉利海峡飞去。

对德军战机行动了如指掌的英国战斗机司令部命令"喷火"式战机迎战他们，而以"飓风"式机对付德国的轰炸机机队。

马兰驾驶着"喷火"式飞机领队飞行。接近德军机群后，他瞄准一架飞机开火，眼看着那架飞机栽落下去。

莫德斯掉转回来，寻找他的第 27 个目标。此时正好与马兰相遇。

莫德斯与马兰的速度都很快，但莫德斯稍快一些。

正当马兰在数着战果时，莫德斯已悄然跟在他后面了。马兰立即做一个他十分熟练的空中规避动作，甩掉了莫德斯，并从后面咬住了他。

马兰果断射击，密集的机枪子弹射中了莫德斯的飞机。如果马兰的"喷火"式机上装的是 20 毫米机关炮，莫德斯便休想驾驶他那架千疮百孔的飞机飞回基地。

当莫德斯在机场着陆时，他的腿伤相当严重，必须住进医院。莫德斯的第 27 个目标，看来只能顺延到以后的日子。

No.3　交手后的反思

在 7 月的战斗中虽然英国人打了几次漂亮仗，但总的来讲，是德国人占了上风。这主要是德国飞行员在空中格斗技术上略胜一筹。

德国飞行员自西班牙内战以来，历经磨炼，战术技术水平得到很大提高。他们的杀伤力并不是在军事操练或演习中得到加强的，而是在真正的战场上练就出来的，那是你死我活的真正战斗。

在飞往海峡与英国皇家空军作战的飞行员中，有几十位曾是德国空军"秃鹰军团"的成员。这是一个空战能力很强的军团，几乎所有的飞行员都有着丰富的实战经验。他们善于最大限度地利用天空、太阳和敌军弱点，各战斗机之间相互配合十分默契，并有着很强的纪律性。从技术上来讲，他们是无与伦比的——至少当时还无人超过他们。英国人很快就认识到了这一点。

与这些德国飞行员交过手的英国皇家空军的飞行中尉迪尔说："他们就像太阳发出的红色闪电一样向你袭来。当时，我在54中队驾驶一架'喷火'式飞机，亲眼看见一个战友突然被一架'梅－109'击中，飞机在火焰中坠毁。在毫无办法的情况下，我只好对着一架德军的'梅－109'撞去。随后，我的飞机跌跌撞撞地迫降在肯特郡，发动机损坏，螺旋桨也折断了。我能幸免于难真是个奇迹！"

经过几次战斗之后，英国人很快就意识到，他们在空中的战术存在着严重的问题。对此，德军"秃鹰军团"的阿道夫·加兰一针见血地指出："所有空战的第一条原则就是要首先找到敌机。要像猎人悄悄跟踪猎物那样，神不知鬼不觉地移动到最有利的位置上进行捕杀。战斗机在空战开始时要尽早地盯上对手，以便占据有利的位置发起进攻。但英国人却没有这样做。"

英国皇家空军的队形飞得很密，机翼挨着机翼，这在飞行表演中煞是好看，但在实战中就不灵了。为了使飞机保持密集的队形，必须小心翼翼地驾驶，照顾到前后左右，这样就没有功夫去寻找周围的敌机了。而一旦敌机冲过来时，由于相互之间的间隔很小，没有地方挪动，机动也很困难。这样，就很容易陷入被动挨打的境地。

德国的战斗机编队就不存在这个问题。德国空军在西班牙作战时就学会了以松散的队形飞行。各个机组在不同的高度侦察跟踪敌机，每架飞机之间都隔着很大的间隙。每个飞行员都可以清楚地看到己方的进攻者和将要进攻的目标，而不必担心会碰着旁边的飞机。每架飞机都可以自由地采取机动行动或对敌机发起进攻，视野和活动范围十分开阔。而且，各架飞机之间离得也不算太远，可以在作战中相互保护。

从7月11日至20日的10天空战中，英国皇家空军共损失了50架战斗机。大规模的空战还没有开始，如果按照这个速度损耗，将是十分危险的。

在这一阶段，皇家空军共击落了92架德国空军的飞机，但多数是轰炸机，空战能力很强的"梅式"战斗机只有28架。

7月20日，有6位皇家空军的飞行员身亡，这是开战以来皇家空军飞行员损失最大的一天。对皇家空军而言，飞行员比飞机更珍贵，因为飞行员比飞机还要短缺。

在连续遭受一些损失之后，皇家空军的指挥官迅速进行了反思。他们吸收了德国空军的许多做法，放弃了密集的队形，开始尝试新的战术。

皇家空军创造了一种新的战斗队形——"四指"队形。这种队形像一只张开的手，每架飞机各在一个指尖的位置。这样一来，就改变了原来死板队形，空战中增加了许多生还的机会。

从这时起，英吉利海峡和英格兰南部上空的激战就变成了一种现代角斗士的格斗，技艺高超的战斗机运用先进的空中格斗战术，在这里一争高低。壮观的空战在天幕上画满了一道道狂舞飞旋的烟尘。

同样，飞行员对于德国空军来说也很宝贵，因为培养一个飞行员远比制造一架飞机困难得多。而且德军认为，眼看着让那些有可能被救活的飞行员在大海中溺死，会严重影响士气。

于是，英德双方在海峡展开了一场搜寻落水飞行员的竞赛。

为了营救德国的飞行员，也为了把皇家空军的飞行员抓过来，德国人派出了刷着白漆、印有国际红十字会标志的海上飞机。这些飞机明目张胆地穿过短兵相接的空中战场，停在水上打捞飞行员。

针对德国人的这种做法，伦敦的航空部发出警告：所有"救护飞机"，只要它胆敢闯入战区，不管有没有红十字标记，统统将被击落。

▼ 几名英军空战英雄坐在一起讨论战争形势。

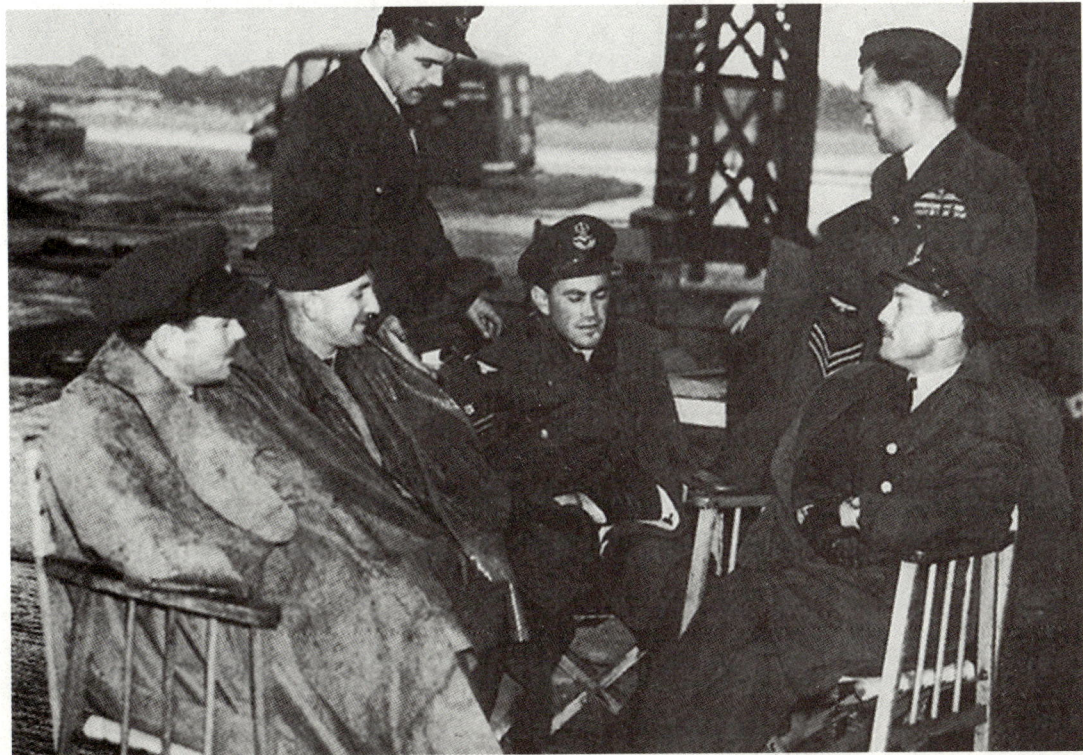

▲ 随时待命出发的英军飞行员。

英国人宣称："我们所以采取这一步骤，是因为德军利用援救飞机报告英国船队的活动，这种做法违反了国际红十字会的协议。"而实际上，英国人是担心这些飞机不仅会救出许多德国飞行员，而且还会把溺水的皇家空军飞行员抓去当战俘。

对于掉在海峡中的皇家空军飞行员，英国主要使用摩托艇打捞。除了官方派出的摩托艇之外，还有一些小船，大多是海峡沿岸港口的渔船，这些船冒着相当大的危险去营救英国飞行员。当遇到落水的德国飞行员时，英国的救生船往往是眼看着德国人淹死不去理会。

驾驶"喷火"式飞机的皇家空军飞行员佩奇，在一次空战中飞机被敌人击中着火，他被严重烧伤。他吃力地挪动被烧焦的手，奋力打开降落伞，从飞机上跳了下来。火焰烧毁了他的制服，灼伤了他的脸部和身体，他半裸着身子在海水中奋力挣扎。

剧痛之中，他模模糊糊地感到有一只船在他周围。终于，身受伤痛折磨的佩奇听见了一个声音在喊："你是谁？是德国佬还是自己人？"

佩奇过了好一会儿才吐出口里的海水，从烧伤的嘴唇里喊道："狗娘养的，把我拉起来！"那只船立即停在了佩奇身边，几只有力的胳臂伸向他，把他拉上了船。

一个船员说道："伙计，你一张嘴骂人，我们就知道你是皇家空军的人了。"

德国空军为了在海峡上空的交战中获得更大的优势，投入了双引擎的"梅－110"飞机。但是，这种飞机的笨拙使它们成了容易捕获的猎物。在受到了皇家空军的沉重打击之后，"梅－110"为了增加防御能力，以圆圈队形飞行，这使人想起了波尔人为抵挡祖鲁人进攻而摆的圆形阵势，还有美国西部大篷车队为防御印第安人袭击而设的队形。为了得到相互间的保护，"梅－110"不仅要放弃它们保护德国轰炸机的这个基本任务，而且也成了容易被击中的靶子；皇家空军的飞行员一次就能击落两三架"梅－110"。

皇家空军的弱点也很快被德国人发现了。德国人很快就认识到，"挑战"式飞机虽然外形与"飓风"式十分相似，但它没有向前方发射炮火的装置，炮火都是向后的，如果从正面对付这种飞机，可以轻而易举地将其制服。7月19日，9架"挑战"式飞机从面对海峡的前线机场霍金吉起飞，遇上了从太阳的方向飞来的20架"梅－109"。几乎就在一瞬间，5架"挑战"式就栽进了海里。第6架想飞到多佛尔去，却在熊熊火焰中坠毁。这个飞行中队的另外3架被皇家空军111"飓风"式中队营救出来，"飓风"式飞机击落了一架"梅－109"，并且挡住了其余的飞机，直到最后德国人因燃料耗尽返回法国。

虽然不列颠之战还远远没进入高潮，但英德双方的飞行员打得却都很艰苦。双方空军的绝大多数飞行员每天有12小时以上的时间都处于戒备状态，等待着起飞的命令。在肯特、萨西克斯和汉普郡的海峡沿岸战区，皇家空军的飞行中队一天要执行4次飞行任务，每次侦察一个半小时。德国空军的战斗机和轰炸机中队当时虽然没有那么辛苦，但战斗机飞行员一天飞3次，"施图卡"飞机的飞行员一天起飞两次也是常有的事。

战斗机的近距离交战是你死我活的斗争，这种短兵相接的战斗持续时间虽然很少超过10或15分钟，但动人心魂的程度超出常人所想象。很有意思的是，海峡两岸的人往往能一清二楚地看到海峡上空的激战。德国士兵可以在加来和布洛涅之间的断崖上观看。英国广播公司的记者们在峭壁上进行现场连续报道和评论，使不能到现场的英国人也如同身临其境。

在7月的大部分时间里，天空温和晴朗，但不时也有一阵阵的雨水洒过海面。早晚的雾气遮住了海岸线，寒风吹过英吉利海峡，聚集起夹有雷电的乌云。当风暴突然袭来时，迫使德国人不得不取消作战行动。海峡的气象对英国人比较有利，因为天气的变化通常是从大西洋那边过来再向东移的，这样皇家空军就能比德国人先了解天气情况。但是，德国人除了最恶劣的天气之外，其他天气都要采取作战行动，因为戈林想速战速决。

在德国人看来，空战似乎正在按照他们的计划进行着。戈林的情报专家们不断地向他保证，皇家空军的指挥官为了拼死抵御入侵的先头部队，正在把他们所有的战斗机投入海峡上的战斗。但是，戈林仍然不放心，为了防止英国人保留后备力量，他要求凯塞林和斯比埃尔两位元帅竭尽全力引诱更多的英国飞机升空。这样一来，除了日常的战斗之外，德国人还运用了所谓诱敌上钩的战术，诈骗皇家空军的战斗机追赶德国飞机，一直引到"梅－109"等待伏击的法国海岸。

德国飞行员阿道夫·加兰的空战经验十分丰富，他有一套狡猾的战术，能够诱骗皇家空军最有经验的飞行员采取莽撞行动。7月下旬的一天，加兰的飞行大队里来了一些新飞行员，加兰想让他们迅速经受战斗的洗礼，并为他们创造一次歼击的机会，使他们树立自信心。于是，他独自一人驾驶他的"梅－109"起飞了。

加兰飞过英吉利海峡，发现一队皇家空军的侦察机正在进行例行侦察飞行。此时，加兰就在英国侦察机的火力射击范围之外的附近转来转去，引诱英国人上钩。果然，其中一架英国侦察机离开机队向加兰追来。

▼ 伦敦海德公园内的一处英军高炮阵地。

这时，加兰马上调转方向，向法国海岸飞去，而且总是保持在追击者前面一点的位置上。与此同时，他用无线电通知他的两位飞行新手准备出击。他的这两位新手正在法国上空等待着。

上当的英国飞行员迪尔是皇家空军的空中英雄。他驾驶着"喷火"飞机，紧追着加兰的"梅－109"一直飞过了海峡，但是当他发现德机"几乎是一头朝下，垂直飞向机场时，才意识到那是加莱马克机场"，是德国空军一个主要的战斗机基地。迪尔知道，自己上了敌人的当了。迪尔立即把加速器开到最大，贴着海面往家里飞，并喃喃地骂自己："你这个大傻瓜。"

然而此时，加兰召唤的两架"梅－109"拦截过来了。两架"梅－109"各在一边，轮番向迪尔攻击。迪尔朝着其中一架飞机猛拐过去，打散了两架"梅－109"的战斗队形。趁它们重新组队时，迪尔又掉转机头重新向英国飞去。

当迪尔看得见多佛尔的断崖时，一架"梅－109"击中了他的仪表板、座舱盖和油箱。他的手表也从手腕上打掉了，可他在当时根本没有感觉到。等到皇家空军的飞机飞来保护他，并把那两架"梅－109"赶走时，迪尔的"喷火"式飞机已燃起了大火。

迪尔冒着浓烟大火和飞机随时可能爆炸的危险，奋力将飞机翻过来，带着降落伞跳出了机舱。在脱离机舱时，他的手腕被折断。

在迪尔最危险的时刻，幸运之神伴随着他。距他落地的地点只有50米处，恰好停着一辆皇家空军的救护车。迪尔死里逃生，并及时得到了救治。

但是，还有一些英国飞行员就没有迪尔这样幸运了，许多飞行员的座机被击落后，人也命归大海。飞行人员的不断损耗令英国空军上将道丁十分忧虑，他命令手下的各大队指挥官不要只是为了一场近距离激战就把飞机派上天去，也不要让飞行员在英国海岸的滑翔距离之外追赶敌机。他对他们说："我要活着的飞行员，而不是死去的英雄。"

为了减少飞行员的损失，道丁指示雷达部队加强侦察和监测，为战斗飞行员们提供更加准确的空中情报。但是，由于受到当时雷达技术的限制，雷达情报的准确性很难保证。皇家空军的飞行员发现，虽然雷达可以准确地指出敌人离他们有多远的距离，但它常常低估了敌机的高度，有时相差1,500多米。后来，飞行员收到雷达监测员通过无线电传来的敌机高度情况时，就往这个高度上至少再加1,500米以上，以防受到来自头顶上的伏击。

德国空军很羡慕英国人技术方面的辅助设施，一位当时的德军战区指挥官曾沮丧地说道："有时，当我们的小伙子投入战斗时，他们接到的最后指示已是两个小时以前的了。而英国人则可以通过耳机不断地接到指示，甚至当他们作战的时候也可以这样。"

为了抵消英国雷达的优势，德国空军的战略家们采取了蒙骗皇家空军的做法。他们派出大量的飞机升上天空，佯装出动。当英国人在雷达屏幕上看见这些飞机活动的信号后，往往就命令他们的机队起飞，等着袭击他们以为就要来的敌机。当英国的"喷火"式和"飓风"式飞机在空中盘旋，消耗掉许多燃料后，德国人则命令他们的头一批飞机返回基地，另一批"梅－109"升空向英国的飞机进攻。这样一来，英国飞机由于燃料将要耗尽，就难以与德国飞机抗衡了。

皇家空军也制定了一套新方案，用于对付德军的这套战术。按照新方案，"喷火"式和"飓风"式飞机将在英国内陆的基地和海峡附近的前线机场之间穿梭接力，这样，飞机在内陆基地时，敌人的战斗机不易到达，在前线机场时它们则可以等到最后的时刻起飞。

7月的交战就要结束了。在整个7月间，戈林接到一份又一份关于英国皇家空军伤亡数字的报告。根据这些不实的报告，戈林得出了一个错误的判断结论：不列颠战役的第一阶段已经打赢了，英吉利海峡已经被德国空军封锁，皇家空军已受重创。

然而实际情况却恰恰相反，沿海岸航行的英国船队仍在海峡行驶，而且还将继续这样做；皇家空军7月底时的前线战斗机比月初时还要多，仅在这一个月里，英国制造飞机的工人就生产了496架战斗机，是敦刻尔克撤退之前一个月生产量的4倍。

事实上，德国空军在7月份的战斗，远远没有达到预定的目标。

▲ 在伦敦郊区的房顶上，两名观察员正在用仪器观测空中敌情。

第六章

鹰袭失败瞒戈林

　　希特勒命令德国空军"尽可能快地消灭敌人的空军"。并建议可以在 8 月 5 日开始行动，具体日期让戈林和他的将军们根据情况自行决定。最后确定为 8 月 13 日上午开始行动。

　　13 日清晨，英国南部的天气阴沉。法国北部的能见度不佳，临时决定推迟到当天下午开始行动，但是由于推迟行动的命令发布得太晚，有些部队已经出动了。

No.1 "鹰袭"计划

7月19日，希特勒在国会上发表了针对英国问题的讲话。事前，希特勒并没有让戈林看他的讲稿，这使在这些事情上极为敏感的戈林有些不快。不过，希特勒随后正式发表的授予他为帝国元帅的任命，使他的不快烟消云散了。作为帝国元帅，他现在已是欧洲乃至全世界级别最高的军官。希特勒在公布了对戈林的任命之后，又宣布授予其他12人元帅军衔。

戈林在被任命为帝国元帅的第二天，邀请刚获元帅头衔，同样情绪高昂的凯塞林和米尔希到卡琳庄园讨论对英国的空战计划。戈林谈到，因为英国拒不接受元首提出的和平条件，元首授权他指挥对英决战，他的空军将在最近一周内对英国进行战略性轰炸。他指示德国空军现在将英国商船也要列为攻击的目标，扬言"将以激烈的进攻扰乱其整个国家"。这次戈林并没有涉及具体的行动方案，他要等希特勒最后拿主意。

7月22日，英国外交大臣哈里法克斯代表英国政府正式发表谈话，言明决不接受希特勒的和谈建议，并向全世界宣告英国将同纳粹德国血战到底。这样一来，同英国人作战就被提到议事日程上来了。但是，迄今为止，德国海陆空三军均未考虑拿出实施入侵英国的"海狮"计划的详细意见来。希特勒责成德军统帅部抓紧讨论这件事，可还是迟迟未能形成具有实战意义的方案。最后，希特勒宣布，他计划再观望一下此前为期10天的"猛烈空战"的结果。

然而，空战没有产生戈林和希特勒所期望的结果。由于希特勒对德国空军的行动做了许多限制，如禁止夜间轰炸、禁止轰炸民用目标、禁止轰炸伦敦等等，就使得空军无法在英国人面前显示如戈林所说的那种"真正的力量"。戈林认为这是希特勒的一个战略错误，但又不敢同希特勒争辩。另外，他还有一个不便与外人道的心病，那就是作为主战飞机的双引擎"梅－110"和"梅－109"战斗机，在空中格斗的机敏性和燃料的携带能力方面，都差强人意。更糟糕的是，戈林发现英国空军不但没有被摧毁，反而战斗力日益增强。他本指望利用德国空军在数量上的优势，一举摧毁英国所有的战略目标，给英国人以毁灭性打击，可希特勒一再要求再等一等看一看，就在这要命的等待中，英国空军的力量眼看着一天天壮大起来。直到8月1日，希特勒才下令，让戈林"在空战中彻底消灭英国空军"，可又附加了一个指示，那就是严禁对英国进行"恐怖性的空袭"。

7月底，戈林得意洋洋地把他自己统计的战果清单交给了希特勒，并请求允许他为这个战役的第二阶段准备力量。

希特勒看到戈林的战果统计不禁大喜。戈林果然没有让他失望。对于戈林，希特勒百分之百地信任，从来不怀疑他的能力。

随即，希特勒作出了一个令戈林欣喜若狂的决定。8月1日，希特勒发出全面袭击英国空

▲ 紧急迫降在农田里的德国轰炸机。

军的第 17 号战斗命令：

为了创造最后打败英国的必要条件，我打算加强对英国本土的海战和空战。为此，我命令：

1. 德国空军要使用其拥有的所有兵力尽快打垮英国空军。德国空军的攻击首先应针对敌之飞机、空军地面部队心脏补给系统，而且还应针对敌之航空工业及生产高射兵器的工厂。

2. 一旦取得局部空中优势，空战应转而对付敌之港口，特别是对付敌之内地的给养机构及给养中心。考虑到我们将来的计划，对英国南部海岸的港口及海港的袭击应保持在必要的最低限度。

3. 为了利于实施上述指令，对敌之军舰及商船的空袭应保持在最低限度。如果出现极有利的机会，或者上述第 2 条规定的作战的胜利能够得以巩固，或者认为这类袭击对训练将来参战的轰炸机机组人员有必要，则另当别论。

4. 在实施这场强化的空战时，空军应始终为海军攻击临时发现的有利目标提供有力的支援。再就是，空军必须全力以赴支援"海狮"行动。

5. 以造成英国民众恐慌为目的的轰炸必须留到最后。我保留人微言轻报复手段的恐怖性袭击的决定权。

6. 8 月 5 日是这场强化的空战发起的最早日期，但是具体日期留待空军决定，这要依空军完成准备工作的速度及气象条件而定。

同时，海军也将获准加强自己的海上行动。

德国最高统帅部选了一个"鹰袭"的名字，作为从空中全面进攻英国的代号。但是战斗打响的具体日期——"鹰日"，希特勒并没有作出规定，他只是说8月5日是最早的行动日期。

8月2日，戈林在东普鲁士的一幢豪华乡村别墅召集空军高级将领们开会。会没开多久，凯塞林元帅和斯比埃尔元帅就争吵了起来。

按照任务区分，战斗打响后，凯塞林元帅和斯比埃尔元帅分别领导的第2、第3航空队将首当其冲。这两个人本来就互不服气，此时他们的观点出现重大分歧。

凯塞林主张，所有的进攻力量应集中在一个目标上——即伦敦。他说："如果我们炸死几千个伦敦佬时，英国人肯定会喊着求和。"

斯比埃尔不同意凯塞林的看法，他阴沉着脸反驳说："在没有首先摧毁皇家空军的情况下把全部力量都用于进攻伦敦，就会上英国人的当，因为这样一来。皇家空军就可以把它的战斗机部队全集中在首都周围，进而严重破坏德国空军轰炸机的大规模进攻。"

斯比埃尔的参谋长戴奇曼也在一旁帮腔说："这样做将极其危险，因为轰炸机将要飞出'梅－109'飞机的护航范围之外。"

凯塞林反驳说："按照德国空军的现有力量，如果不集中攻击伦敦，根本不可能达到目的。"

此时，戈林提醒与会者，元首特别说过伦敦城在进攻范围之外。这样，才平息了这场争吵。

凯塞林仍然不服气，他又提出："空军的进攻应集中在别的某个大城市，而不应该按斯比埃尔所主张的分散力量进攻范围较广的多个目标。对于皇家空军的基地和军需品工厂，可以放在以后的时间进行摧毁。"

但是，凯塞林的观点明显地不符合希特勒的想法，因此戈林不会采纳。

为了缓和一下会议的紧张气氛，戈林提出先休息一下，去游泳。

他们来到了戈林的室内游泳池。可是还没等下水，两人又在游泳池边吵了起来。

凯塞林火冒三丈地说："我从未主张这样打英国！我一直认为，要想胜利就应该占领直布罗陀，把英国人堵在地中海里。这样他们才会屈膝求饶！"

最后，会议开不下去了，不欢而散。一直到8月6日，德国才最后确定"鹰日"的日期。时间定在8月12日。如果这一天天气好，将是德国空军全面进攻英国的日子。

No.2　奇袭雷达站

8月6日，戈林向各部队下达了随时准备全面出击的命令。德国飞行员跃跃欲试，一些人

▲ 德国的"道尔"轰炸机在对英国城市的轰炸中扮演了不光彩的角色。

把不列颠岛的地图画在机身上，并加上"伦敦——8月15日——完蛋"的文字注记。

几乎在德军下达全面空袭英国命令的同时，英国的情报机关就得到了这一情报，并报告了丘吉尔。首相随即通知皇家空军说：德国空军的大举进攻就要开始了。

8月8日，英国空军上将道丁对战斗机指挥部的成员发布了一项重要命令：

"不列颠战役就要开始了。皇家空军的成员们，几代人的命运就掌握在你们手中了！"

8月8日，德国空军的进攻明显加强。从清晨开始，"施图卡"式飞机就不断地袭击英吉利海峡上的一支庞大的船队，而其他的轰炸机则在英国南部海岸几乎所有的港口外投放水雷。汉普郡、萨西克斯郡、肯特郡以及海峡上空的空战十分激烈。到当日黄昏，双方加起来共起飞了1,000多架次飞机。在这一天的战斗中，德国空军损失了31架飞机，而皇家空军损失了19架。这是当时空战最为激烈的一天，也是双方飞机损失最多的一天。

8月10日，英国南部狂风大作，夹着雷电的乌云低悬在英吉利海峡和法国北部的上空。随后两天的天气不是多云就是有雾，飞机根本无法起飞。

此时，德国空军飞行员已经整装待发。几天拖下来，他们开始感到烦躁不安，士气受到影响。

戈林知道，如果这样拖下去，会造成官兵心理上的松懈，影响战斗力。于是，他决定将"鹰日"后延一天，宣布8月13日定为"鹰日"。

8月12日，连续阴雨几天之后，天气开始放晴，多佛尔海峡上空能见度良好。

碧空白云之下，一队德军混合战斗机编队贴着海面向西飞去。

不一会儿，驾驶战机的鲁本斯德尔法上尉就清楚地看到了英国海岸的悬崖峭壁。当飞机大约飞到海峡中间时，他对着话筒下达了命令：

"第 3 中队注意，前往执行特殊任务。预祝成功！"

第 3 中队长海因茨中尉回答了个"明白"后，就率领 8 架"梅－109"式飞机，直接飞向多佛尔。

鲁本斯德尔法带着 12 架"梅－110"式飞机向左迂回，沿着英国海岸飞向西南。

鲁本斯德尔法率领的第 201 实验大队，是德国空军唯一的一支实验部队。一个月来，该大队在海峡轰炸机部队司令芬克上校的指挥下，一直在执行封锁英国船队航线的任务。在这期间，他们经过反复试验，验证了空军司令部迫切想知道的问题，即战斗机能否携带炸弹，能否用炸弹进行攻击并命中目标。

就在昨天，这支实验大队首次以战斗机轰炸了英国绰号为"战利品"的海岸护卫船队。当德军的战斗机出现在船队上空时，英国人一看是些战斗机，觉得没什么了不起。不料德机进入超低空飞行，接着便投下了炸弹。结果两艘大船的甲板和上部建筑被炸，船身严重损伤，陷于瘫痪。

实验大队今天的任务是炸毁英国东部和南部海岸的雷达站，打掉英国皇家空军的耳目，以便更好地实施"鹰袭"作战。

德国人所以在"鹰日"之前进行这次空袭，是因为几个月来，德军一直在有组织地监听英军的无线电通信和雷达使用情况。通过监听，德军吃惊地发现，英国利用部署在本土的"海岸低空搜索雷达网"，可以清楚地知道德军飞机出动的情况，使德军丧失了至关重要的空袭的突然性。在"鹰袭"作战行动中，德国空军要想改变同英国皇家空军作战的不利地位，就必须首先破坏英国的沿海雷达站。因此，德军的这次攻击行动既是"鹰袭"作战的准备，也是不列颠之战大规模交战的序曲。

鲁本斯德尔法上尉看了看表，差几分 11 点。12 架"梅－110"同时改变方向飞往西北，直扑英国海岸。

各中队接近海岸时散开，迅速奔向各自的目标。

卢茨中尉带领第 1 中队从伊斯特本刚进入英国内陆，就发现了英国的"佩文西"雷达站。

6 架梅式飞机开始爬高。但是，由于在两个机翼下分别挂着 500 公斤炸弹（相当于俯冲轰炸机挂弹量的 2 倍），所以，爬高就不那么灵活了。

当光学瞄准具对准四根天线塔中最近的一根时，卢茨中尉第一个投下炸弹。

▲ 英皇家空军所使用的"兰开斯特"轰炸机。

▼ 德空军轰炸时使用的"亨克尔"轰炸机。

　　驱逐机群像一阵突然刮起的暴风掠过雷达站上空。有 8 颗 500 公斤重的炸弹命中了目标。其中一颗直接命中了细长的天线塔。还有一颗炸断了主电缆。

　　于是，电波中断，"佩文西"雷达站沉默无声了。

　　在卢茨中尉袭击"佩文西"雷达站时，第 2 和第 3 中队正在袭击另外两个雷达站。

　　由勒西格中尉率领的第 2 中队袭击黑斯廷附近的"拉伊"雷达站，炸毁了地面上全部建筑。

　　由海因茨中尉率领的第 3 中队袭击了多佛尔附近的雷达站，有 3 颗炸弹落在了天线塔附近。尽管有 2 座天线塔被炸得歪斜，但都没有倒。

　　当各攻击编队返航时，几乎都报告说完成了预定的任务。从空中可以清楚地看到，各目标都冒起了黑烟。可是，透过滚滚向上的黑烟，人们发现绝大多数雷达站的天线塔依然屹立着。实际上，英国人经过紧急抢修，仅仅在袭击 3 小时后，绝大多数雷达站又相继开始了工作。

　　这时候，英国人施出了一条妙计，他们从被摧毁的雷达站废墟中发出假信号，使德军误以为他们的轰炸确实摧毁了这些雷达站。德国人果真陷入英国人的陷阱，不久就完全放弃了对英国雷达站的攻击，这就为其最后失败留下了隐患。对此，德国王牌飞行员加兰后来说："后来我们才意识到，英国皇家战斗机中队一定受地面某种新装置的控制，因为我们听到指挥'喷火'式和'飓风'式飞机同德国机群作战的命令是非常熟练和准确的。这种雷达和对战斗机的控制使我们感到意外，而且是非常惨痛的意外。"

　　尽管袭击雷达站的预期目的未能达到，但是德军同时开始的对英国战斗机部队前线基地的袭击却取得了很大成功。

　　13 时 30 分，英国战斗机曼斯顿基地遭到了猛烈攻击。实施这次攻击的是上午刚刚袭击了英国沿岸雷达站的鲁本斯德尔法编队。

　　由于此时英国雷达站还如同瞎子一样瘫痪着，因此，鲁本斯德尔法编队的奇袭获得了极大成功。当曼斯顿基地收到德机空袭的警报后只有 1 分钟，德军攻击的飞机就已飞抵机场上空了。

　　听到警报时，机场上英国皇家空军第 65 飞行中队的驾驶员们飞速地跳进"喷火"式战斗机的座舱，起动飞机。12 架飞机开始向跑道滑行，最前面的 3 机编队已经加大油门在跑道上进行起飞滑跑了。

　　就在这一瞬间，德军飞机铺天盖地飞临机场上空。

　　"敌战斗机都排在跑道上，我们的炸弹就要落在它们中间了！"德军飞行中队长卢茨中尉报告说。

　　正在起飞的英军飞行员中，有一个叫奎尔的中校。他从 1936 年起，就当试飞员，驾驶技

▲ 在云层中飞行的英军三机编队。

术十分熟练。他正在向前滑行，忽然听到一阵强大的轰隆压过了他的飞机发动机声音，回头一看，原来是后面的机库被炸飞了。奎尔不顾炸弹的爆炸，顽强地滑进了跑道。

此时跑道两侧不断有炸弹爆炸，烟雾笼罩着跑道。奎尔全然不顾，毅然开足马力在跑道上滑行起飞。

奎尔驾驶的这架"喷火"式战斗机忽而被周围的硝烟吞没，忽而又像没事似的在跑道上奔驰。不一会儿，机轮咯咯嗒嗒的振动声消失，飞机离地飞起来了。

其他"喷火"式战斗机也都在硝烟弥漫的曼斯顿机场以大迎角上升。

德国飞行员从空中看去，似乎机场上剩下的4架"飓风"式战斗机和5架其他飞机全部被炸毁了，炸弹在机库和机场宿舍爆炸，大火吞没了大部分建筑……

英军第65中队的"喷火"式战斗机大部分都奇迹般地幸免于难。当然，曼斯顿机场的损失相当严重，空中的飞机只好按命令到后方机场降落。

到当日傍晚，沿海地区的小型作战结束。这一天，德军的第2、3航空队在强有力的战斗机护航下，投入了300架俯冲轰炸机。这仅仅占德军空军投入的俯冲轰炸机总兵力的1/3，更大规模的战斗还在后头。

No.3 "鹰日"行动

8月13日是戈林确定的"鹰日"。根据德国气象部门的预报，这一天的天气不好。

清晨，果然风暴骤起。于是，戈林立即下令取消既定的行动。

但是，戈林撤销行动的命令来得太迟了，74架"多尼尔"轰炸机和50架护航的"梅－110"已经起飞去进攻皇家空军的机场和设施了。

凯塞林元帅赶紧通过无线电发去了撤回的紧急命令。

接到命令，"梅－110"很快就调头返回。但是指挥"多尼尔"轰炸机的芬克上校决定继续前进。虽然护航的战斗机撤回后使他失去了保护，但他可以利用厚厚的云层作掩护。

芬克上校很幸运。皇家空军的一支雷达小组算错了迎面而来的飞机数量，把错误的情报送给了战斗机指挥部，因此指挥部没能派出足够数量的战斗机去对付如此强大的轰炸机机群。结果，芬克的"多尼尔"机队突破了防线，把炸弹投到了伊斯特切奇机场。

在随后的战斗中，德机4架飞机被击落，4架受伤，其余的飞机都飞回了法国。

返回后的芬克上校报告说，他们已使皇家空军一个主要的战斗机机场陷于瘫痪，并摧毁了地面上的10架"喷火"式飞机。实际上，伊斯特切奇机场只是由二线的战斗机和一些轻型

◀英军"喷火"式战机前去截击德军轰炸机。

轰炸机驻守的，虽然机场受到了重创，但10小时之后就恢复使用了。

下午14时以后，天气逐渐开始好转。德军第1飞行训练团第5驱逐机大队接到起飞命令。23架"梅－110"飞机在隆隆的轰鸣声中陆续升空，向英国海岸飞去。

当这个庞大的飞机编队通过法国的瑟堡上空时，被英军的雷达发现了，而且报出的兵力数字相当准确。但是，英国人从雷达信号上没有判断出即将飞临的入侵飞机是轰炸机还是战斗机。尽管这样，英国人还是充分做好了迎击的准备。"喷火"式战斗机飞行员坐在驾驶舱里，随时准备起飞。

林斯贝尔格上尉带领着他的23架"梅－110"，保持着整齐的战斗队形。在越过英国海岸线时，处在编队最后的一架飞机突然发出警报："后方发现'喷火'式飞机。"

这一声警报使德国飞行员们像遭到电击一样，神经顿时紧张起来。他们知道：尽管他们的飞机上有4挺机枪和2门机炮，火力是相当厉害的，可是多少显得有些笨拙的"梅－110"不是"喷火"式战斗机的对手。

林斯贝尔格率先按编队部署开始转弯。但是，在他还没有完全转过来的时候，飞在高空的英国战斗机就突然高速从后方追了上来。

见到此种情形，林斯贝尔格马上向右一拐，巧妙地避开了"喷火"式飞机的火力。

好险！子弹从他飞机的左侧擦过，只差几厘米就打上了。"喷火"式战斗机扑了空。

但是，另一架"梅－110"飞机就没有林斯贝尔格走运了。它想用俯冲动作规避"喷火"机的攻击，速度却没能一下子提起来，被英国飞机紧紧咬住，打了个凌空开花。

不一会儿，又有 2 架德机被击中，拖着黑烟栽下大海。

当林斯贝尔格上尉的驱逐机大队返回基地时，损伤过半，有 5 架被击毁，10 多架中弹受伤。

英国皇家空军的这个战果给戈林一个当头闷棍，使他大发脾气，他怎么能够容忍他的空军出现这种情况？

下午 3 时，德国的又一个庞大机群向英国海岸飞去。这个机群有 150 架轰炸机，并由一支"梅－109"机队护航。它的目标是袭击南安普敦这个英国最大的港口。

皇家空军派出了 4 个中队迎战德空军。

在进攻的轰炸机当中，既有"施图卡"飞机，也有双引擎的"容克－88"飞机。"容克－88"是德国空军速度最快、最新式的中程轰炸机。

在"容克－88"飞往南安普敦的航线上，皇家空军负责守卫的只有"布伦汉姆"战斗机。这种飞机是由"布伦汉姆·马克 4 型"轰炸机改装而成的，与装满炸药的"容克－88"比起来，"布伦汉姆"战斗机的时速慢了 16 公里，用于白天作战速度是不够的。

两支空中编队在港口附近不期而遇。"容克"飞机在与"布伦汉姆"的交火中占有优势，它们在击伤了几架"布伦汉姆"战斗机后，一路呼啸着向南安普敦港飞去。

到达港口上空后，"容克－88"的炸弹滚滚而下，大面积的码头和仓库被摧毁或烧着。

但是，德国的"施图卡"飞机就没有那么幸运了，它们遇上了"喷火"式飞机。

13 架在海峡上空侦察的"喷火"式战斗机穿过为"施图卡"护航的"梅－109"，俯冲下来，与 40 架"施图卡"展开了战斗。只见战斗机腾升俯冲，穿梭交织，机枪疯狂地扫射，机炮咯咯喷射着冒火的弹头。

"喷火"式飞机不仅有远远超过"施图卡"的空战性能，而且占有顺着阳光的优势。可怜的"施图卡"机，只有招架之功，几乎没有还手之力。转眼间，就有 9 架"施图卡"被击落，还有几架受伤。其余的则胡乱丢下机上的炸弹，匆匆逃走了。

这次空中大捷是英国皇家空军第 609 中队的杰作。其中一名飞行员对这次战斗进行了一番评论，他的这番评论后来被写进了皇家空军的记录里。他说："今年光荣的 12 号我没能脱开身去打猎，但是光荣的 13 号却是我有生以来射猎成果最大的一天！"（注：8 月 12 日是英国人射猎松鸡的季节正式开始的日子，英国人称这一天是"光荣的 12 号"）

"鹰日"这天，德军共出动飞机 1,485 架次，而皇家空军只起飞 700 架次。德国飞行员回来报告说，他们成功地袭击了皇家空军的 6 个机场和其他一些设施，摧毁了地面的数十架飞机，消灭了几座小工厂，并使南安普敦港陷于瘫痪。事实上，英国只有 3 个机场遭到严重破坏，而且都不是皇家空军的主要战斗机基地。

让戈林感到十分振奋的是，他的飞行员向他报告说击落了大量英国飞机。当天晚上德国最高统帅部发表的战报宣布，皇家空军有 88 架战斗机被摧毁——其中有 70 架"喷火"式、18 架"布伦汉姆"式。而戈林接到报告说，德国空军仅仅损失 12 架飞机。

欣喜若狂的帝国元帅下令，战区所有飞行员吃饭时加饮香槟酒。戈林并不知道，他所得到的"鹰日"战果，是被大大夸张了的。当日双方的真正损失是：皇家空军有 13 架战斗机被击落，德国空军则损失了 23 架轰炸机和 11 架战斗机。

那天的战斗一直持续到日落。敌人的战术几乎全部归于失败，战斗机司令部岿然不动。对道丁来说，这是一场最严峻的考验。皇家空军和高射炮部队击毁敌机 75 架，自己有 28 架战斗机被击毁，13 架受伤，这些飞机的飞行员中只有 12 人丧生。更重要的是，德国空军由于情报部门极为无能，未能摧毁一个在防空中起关键作用的机场。另外，由于从斯堪的纳维亚起飞的飞行编队遭到了英国毫不客气的回击，戈林在此后的对英作战中再也没有使用空军第 5 集团军。"黑色的星期四"这一天，德国空军的损失几乎没有对其造成任何威胁，并以为道丁

▼ 英军"惠灵顿"轰炸机向预定空域飞去。

的战斗机损失惨重，因此便全力以赴地开始了对英国的全面进攻。在此后的整个8月里，德国每日进攻不断。道丁不断将飞行中队派往较平静的北部，然后再调回，巧妙地"轮换"兵力，全力坚持伦敦周围及东南部的防御。

但部队开始出现战斗力紧张的情况。作战紧张和伤亡使有实战经验的中队长和小队长越来越少，19岁的年轻人就算是老兵了。地勤人员彻夜不眠地维修受伤的战斗机，因过度疲劳而纷纷倒下。然而，这段时间对于丘吉尔领导下的为数不多的指战员来说却是光辉的日子，在英国历史的丰碑上鲜明地刻有斯坦福·塔克、道格拉斯·巴德、唐·金阿比、约翰尼·肯特、科林·格雷等人的名字，看到他们，人们就会想起那英勇的日日夜夜。在战斗机司令部里，有来自各国的飞行员。一个叫约瑟夫·富兰迪斯克的捷克人，创造了同盟国击落敌机的记录，一个月后，他在战斗中牺牲。

就在战斗机司令部人员疲惫不堪的最艰苦时刻，戈林部队中的各级飞行员也出现了紧张过度、灰心丧气、失去信心、士气低落、信念毁灭等迹象，所有这些迹象都表明，德国已失去了决心。两个月来，德国的机组人员斗志高昂，英勇战斗，他们受到了连续作战的冲击，看到战友的轰炸机起火坠毁，常常是有些同伙干脆不见了，无踪无影，生死不明。德战斗机很少能够突防到英国本土纵深，但又不能放弃为轰炸机护航的责任，它们不断遇到燃油不足的威胁，常常不是由于中了英国战斗机的炮火而坠落，而是由于燃油耗尽而自己坠入英吉利海峡灰色的波涛中。

这位暴躁的德国元帅违背一切战争规律，在历史上犯下了臭名昭著的罪恶，这时也感到沮丧不堪。9月7日，他突然改变了进攻目标。道丁的飞行员们整整一个白天都在等待着敌人的进攻，但敌机一直没来。而此时，戈林亲临英吉利海峡南岸，看着他的庞大机队乘着夜幕飞过英吉利海峡。进攻的目标不是光天化日之下的机场和沿海城市，而是黄昏与黑暗笼罩着的伦敦。这就是他的目的所在：在英国本土上挫败英国人的锐气，摧毁他们的首都，把他们的家园变成废墟，打垮他们的作战意志。

一夜间，战争揭开了一个新纪元。

实际上，德国空军对英国的"鹰日"打击失败了。8月13日，本是德军炫耀空中优势、摧毁强硬英国的大好日子，没想到最终却成了一个充满晦气的日子。对于这一点，不少德国军官心里十分清楚。里希特霍芬将军在日记里沉痛而又无可奈何地写道："直接打击失败了。"

但是，戈林却被"胜利"的迷雾罩住了双眼，一个又一个虚假的情报使他对形势的判断出现了重大失误。

▲ 德国轰炸机中的飞行员。

第七章

黑色星期四

　　8月15日，英吉利海峡天气晴朗温和，海面上撒布着一层薄雾，北海上空碧空如洗。这是夏日里难得的一个好天气，也是空军出动的最好时机。

　　戈林决心抓住这个机会。他命令大部战斗机升空作战。这是不列颠战役开始以来使用飞机最多的一次战斗。

　　戈林要把8月15日这一天变成英国人的"黑色星期四"。

▲"二战"中，一组正在受领轰炸任务的德国空军飞行员。

No.1 "黑色星期四"

德国空军计划将全部空袭兵力分为南、北两路进攻，以南路为主。

北路是驻扎在挪威和丹麦，由施登夫将军指挥的德军第5航空队，共有100多架轰炸机和数十架战斗机。南路是驻扎在法国境内的德军第2、3航空队。这两个航空队共有875架高空轰炸机和316架俯冲轰炸机以及929架战斗机。从南路和北路分别使用的飞机数量可以看出，德国空军将主力投入了英格兰南部。

德军之所以在南路投入如此强大的兵力，是有重要原因的。驻扎在挪威和丹麦的德国空军从起飞基地到英国北部地区，作战目标距离约650～750公里，再加上全程20%左右的"战术备份"航程，这样攻击英国北部目标的飞机就必须具有1,800公里左右的续航力。但是，当时单发动机的"梅－109"战斗机的航程只有750公里，刚飞至英国海岸就会因燃油耗尽而坠入海中。虽然"梅－110"可以提供护航，但其远不是"喷火"式飞机的对手。而从法国的空军基地进攻英国南部地区的目标，就不存在这个问题。因此，德国空军企图通过猛攻南部来钳制英国战斗机，以使在对英格兰中部和北部实施突击时遭到尽可能少的敌机阻截。

与德军用于进攻的兵力相比，英国皇家空军上将道丁的截击兵力要少得多。他只拥有"飓风"式战斗机480架、"喷火"式战斗机120架以及少量的其他类型战斗机，与德军兵力对比处于明显的劣势。道丁根据所掌握的情报，看到了德国空军的险恶用心。为了更好地抗击德国空军的进攻，道丁把原来部署在英格兰南部双方争夺焦点以外的第11大队的部分战斗机北调到苏格兰，与一直没有参战的第12、13战斗机大队合兵一处，以增大北部抗击的力量。

8月15日，在挪威和丹麦指挥德国空军第5航空队的施登夫将军，终于接到了让他将他的人马投入战斗的命令。此时，他完全忘记了英国雷达的存在，也不知道英国人能破译德国的密码。施登夫决定飞过北海，对英国东北部泰思茅斯和约克郡北部之间的英国机场和飞机制造厂发动一次突然袭击。

然而，他的飞机至少在到达之前的一个小时就被雷达跟踪上了，因此，皇家空军的战斗机有足够的时间飞到顺着太阳光的位置上，以便向下俯冲进攻德军的轰炸机。

13时45分，德军第一攻击波，第26轰炸航空团两个大队共65架"海因克尔"轰炸机，在"梅－110"战斗机的护卫下，飞行在4,500米的高度上。当机群接近英国海岸时，机上的无线电设备突然喧嚣起来，敌情报告一个接一个：

"左侧发现'喷火'式战斗机！"

"敌战斗机正从太阳方向飞来！"

"我被敌机击中了！"

为"海因克尔"轰炸机群护航的，是德军第76驱逐航空团第1大队的21架"梅－110"飞机。这个大队有顽强的战斗作风，战斗力也强，历史上战果辉煌。他们在1939年12月18日的德意志湾空战中，曾击落过当时盟军参战的"威灵顿"式飞机的大半。在德军占领挪威时，也是该大队冒着对方绵密的防空火网，最先降落和夺占了位于奥斯陆的福内布机场。在德国空军中，这个大队声名显赫。但是，他们今天遇到了真正的对手，一场好戏就要上演了。

4架前导机飞在德军驱逐机大队的最前面，它们在轰炸机上空几百米处担任掩护。编队最前面的一架飞机是大队长雷斯特曼上尉的座机。他今天除了要指挥其编队外，还担负一项特别任务，即配合同机的侦听中队长哈特维希使用高性能接收机，监听英国战斗机之间的通信联络。德国人想以此为突破，掌握英国空军的防御体系，从而制定德国轰炸机部队相应的战术及飞行航线等。

正当他们刚刚开始集中精力侦听时，一架英国的"喷火"式飞机从阳光照射的方向向他们扑了过来。

雷斯特曼刚要掉头进入迎战状态，就被对方击中了。机身出现十几个窟窿，随着高空气流的冲压，窟窿越来越大，致使飞机操纵十分困难。

没过多久，这架指挥机便燃起大火，尖叫着一头栽向大海。真是不幸，大队长雷斯特曼上尉率先与飞机一起葬身大海。

十几分钟后，前来截击的英军第72、79中队"喷火"式战斗机从四面向德机发起了立体攻势。

在辽阔的空中，双方展开了一场你死我活的拼杀，被击落和击伤的战机不断，一个词——惨烈。

天幕上，被击落和击伤的飞机划出一道道黑色的"长虹"。

位于德军驱逐机编队尾部的里希塔中士因机枪子弹打伤头部而失去了知觉，他的飞机一个倒栽葱向下掉去。通信员盖斯黑卡中士一见大事不好，随即双脚一蹬，跳伞脱离了飞机。

一会儿，里希塔又清醒过来，在飞机刚刚掉到云层下面时，他又重新控制了飞机。尽管

▼ 英军轰炸机飞行员在战机前合影。

头部大量出血，他还是努力控制飞机，飞过北海，返回德占区，迫降在丹麦的埃斯堡。而盖斯黑卡中士却去向不明。唉，真是天意难测！

此时，尤伦贝克中尉带领着 5 架德军飞机一起，调过头来投入战斗。他们击中一架"喷火"式飞机，并看着它拖着长长的黑烟栽了下去。

但是，皇家空军的飞机太多了，尤伦贝克只好命令他的几架飞机组成圆形防阵。就在这时，一架"喷火"式飞机从尤伦贝克后方攻来，他的僚机施马赫准尉以准确的射击为他赶跑了"喷火"式飞机。

在尤伦贝克中尉的前面，戈洛布中尉咬住了一架"喷火"式飞机，从后面悄悄接近。他描述当时的情景说："就这样，一直接近到离敌机 50 米处。射击的效果比侧面好得多。只见那架'喷火'式战斗机机头上仰，进入螺旋，然后，垂直栽了下去。"

但两三秒钟后，他被两架"喷火"式飞机咬住，机翼中弹，左发动机冒起黑烟熄火了，他描述说："我俯冲躲进云层，两架敌机仍然紧追不放。于是，我又提前改变了航向，并在 800 至 1,000 米的高度上拉了起来，穿云甩开了敌机。13 点 58 分，在云下飞行时，我亲眼看见那两架'喷火'式飞机有一架冲进了海里。"

此后，戈洛布用右发动机作单发飞行，安全返航。两小时后，他在那弗尔基地降落。

在皇家空军战斗机的层层拦截下，德军第 26 轰炸航空团已无法找到预定的轰炸目标，最后只好把炸弹稀稀落落地投向海岸以及纽卡斯尔与森德兰之间的港湾设施附近。

施登夫将军的另一编队，即第 30 轰炸航空团的 3 个大队却空袭成功。德军这 50 架"容克－88"轰炸机在没有战斗机护航的情况下，在弗兰伯勒角一带越过海岸后，即以云层为掩护，避开英军战斗机，直抵英军第 4 轰炸集团的德里弗菲尔空军基地。

德军炸毁了英军基地上的 4 座机库和数处其他建筑物，12 架英军轰炸机在地面起火。当然，德军参加轰炸的 50 架轰炸机也有 6 架被英军战斗机击落。可是由于德军空袭兵力众多，尽管英军战斗机拼命作战，仍始终没能阻止德军对基地的空袭。

当施登夫将军的机群回到挪威时，一共损失了 16 架"海因克尔"和 6 架"容克－88"，这些飞机占施登夫全部轰炸机总数的 20%。另外还有 7 架"梅－110"被击落。

而在英国南部，8 月 15 日这一天英国人遇到了更大的困难。

在英国南部空域，德军的"施图卡"、"海因克尔"和"容克－88"依次来往穿梭于英吉利海峡，轮番轰炸皇家空军的飞机场。从朴次茅斯到泰晤士河口直至内陆伦敦远郊的比金山，许多飞机库着火，飞机跑道被炸得坑坑洼洼。在 320 公里的海岸线上空，几乎没有一处不在进行着空战。

　　人们站在地面上不仅能看到飞机留下的雾气痕迹，而且还能看到受伤的飞机冒出的黑烟和其中某一架突然爆炸时放出的红色火焰。尽管激战是在数千米上空进行的，但是各种声音还是传到了地面上。快速运转的马达加快到极限时的声音，飞机急剧俯冲或转弯时螺旋桨和引擎的尖叫声，机关枪的扫射声和火炮的轰击声，以及飞机被击中后在空中爆炸时发出的雷鸣声，汇聚成一种非常奇特的"交响曲"。战争是残酷的，同时又是美丽的，散发出一种浓浓血色中的艳魅，无怪乎有那么多战争狂魔为之倾倒。

　　在 8 月 15 日的战斗中，英国皇家空军本来可以有更多的战斗机升空作战，但是由于牺牲和受伤的飞行员太多了，许多飞机因无人驾驶而不能起飞。幸存飞行员的起飞强度甚至达到最大限度。他们从黎明开始，就守在飞机旁，等着命令他们紧急起飞的铃声。一仗下来，在飞机旁作短暂的休息之后又得马上起飞去迎战来敌。过度的劳累使皇家空军飞行员疲惫不堪，他们几乎到了人的身体所能承受的极限。

　　在地面上，劳务队不分昼夜地修补被轰炸过的基地和机场，以使它们再次投入使用。可是，这样做往往徒劳，因为每当劳务队把跑道修好，德国空军的轰炸机就会飞来再次把它炸个稀烂。

　　这一天的空战是史无前例的。从近距离的空战来看，以后再也没有像这样的激战了。到晚上战斗结束，筋疲力尽的飞行员收兵时，德国空军已派出了 1,780 架次飞机——其中有 520 架是发动对英国皇家空军及其设施的空袭。德国人宣称，皇家空军有 12 个飞机场陷于瘫痪，99 架飞机在空中被摧毁。英国人也报道说自己重创敌军——皇家空军起飞 974 架次，摧毁了 182 架德国飞机。

　　就像以前的战报一样，双方都在吹牛。公布战报是战争中的一种心理战，交战双方往往都会把自己的战果说得很大，损失说得很小，以鼓舞己方士气，动摇敌人军心。同时，在统计战果时各个作战单位往往都会把自己的战果说得大于实际，以讨得上司的欢心。对于这一点，无论是英国还是德国的高层领导心里都是很清楚的，只不过有时由于种种原因不愿说破而已。这一次英德双方也是如此。实际上，德国空军击落的英国飞机数量是 34 架而不是 99 架；皇家空军击落的德国飞机也不是

▲ 接到命令后，英军飞行员快速奔向自己的战机。

182 架，而是 75 架。

飞机和飞行员的损失如此之大，令双方都感到震惊。在被击落的德国飞机中，许多都是由 3 人或 4 人机组驾驶的，而英国人的飞机多半是单座飞机，他们死了 17 名伤了 16 名飞行员。尽管英国飞行员损失得远比德军少，但对于本来就十分缺少飞行员的皇家空军来说，无疑是雪上加霜。

8 月 15 日结束了，这的确是一个"黑色的星期四"。但从总的交战结局上看，德国的星期四较之英国的星期四黑得多。

No.2 英国人的胆艺

在 8 月剩余的十几天里，英德双方继续进行着激烈的空战。在这些空战中，英国飞行员表现出了超人的胆略和作战技艺。

8 月 30 日，英伦岛的一个晴好的天气。

这天，在皇家空军的格雷伏山德基地，一批新闻摄影人员访问机场，要求皇家空军的飞行员们示范一次中队紧急起飞。

第 501 中队在疏散区假装接到了电话，然后迅速地奔向"飓风"式飞机。

守候在机场的地勤人员动作熟练地帮助飞行员们背上保险伞束带、绑紧座带、启动发动机、移走垫木，让战斗机轻盈地滑过平整的草地，陡直地冲入云霄。飞行员们刚一离地，就收起机轮。这是战斗机飞行员偏好的一种自信表现。

兴奋中的摄影记者并不知道，这些飞行员戴上耳机接通联络时，正好听到皇家空军的飞行管制官的声音，要他们真正的紧急起飞，并把他们导向泰晤士河口。

该中队保持完整的队形，向预定空域飞去。

在接近德军的飞行队形时，随着指挥官一声令下，全体一齐射击。虽然没有一架德机被击中，但冲散了德军梅式机群的队形。

此时的英国空军极重视把德机队形冲散。这是为什么呢？原来，前一段时期，德国飞机往往从万米高空作地毯式轰炸，德军运用这种领队投弹和集体投弹的战术说明德国缺乏训练有素的轰炸机人员。因此，如能在德机投弹前将他们冲散，就可以使他们的炸弹投在目标之外。因此，要求把冲散德军的轰炸机编队作为最重要的事情。现在，第 501 中队成功了。

第 501 中队的雷西士官是冲散德军飞机编队的飞行员之一，当他掉过头来准备作第二次攻击时，突然感到眼前一片黑暗。原来，他的机翼及发动机挨了几颗子弹，座舱罩被洒漏出

▶ 英国皇家空军战斗英雄约翰·坎宁安。

来的润滑油涂染成黑色。

他盲目地作了一个急转弯，但子弹依旧向他扫射而来。开火的这个德国人不是运气好，就是非常精于偏向射击，因为飞机一直处于改变方向的过程中，却又接连不断地被打中。

沾满油污的座舱罩使雷西什么也看不到，他索性把座舱罩抛弃。

抛掉座舱罩后，他看到了飞机下面灰蒙蒙的泰晤士河水，他决定暂不跳伞。他想利用飞机还保持的高度，滑翔至陆地。

当他滑翔飞行至雪培岛时，决心以小角度滑翔，一直滑回基地。在接近格雷伏山德时，他放下起落架，同时也放低机翼。他在发动机完全失去作用的情况下，完成了一次完美的降落，并且将飞机停止在几乎就是他起飞的地方。

此时，采访的摄影记者们还没有走，他们欣喜若狂的拍下了降落的全部过程。

雷西的"飓风"式机上一共有87个弹孔，脱落部分还没算在内。

飞机停稳后，雷西颇感洋洋自得。在一旁的工程军官幽默地说："你到底搞什么鬼，不跳伞？本来明天早晨还可以获得一架新飞机，现在好了，我得花很大一番工夫去修理它。"

这天上午，还发生了另外一件广为流传的事情。

格列佛联队长是当时英国空军几位最资深的作战飞行军官之一。他1908年出生于利物浦，不到20岁时，创立了一个飞行俱乐部。在1930年加入英国空军之前，他已取得飞行员执照。战时，他先在战斗机司令部本部担任轰炸机联络官，后来担任第253中队的中队长。1940年，他已经年届 32 岁，但仍然担任中队长，这件事全然违背了道丁上将的命令，道丁规定，中队长超过 26 岁就不得留任。7 月份，格列佛擢升为联队长，这意味着他不但年龄太大，而且资历太高，不适合再任中队长。眼看着无法继续驾驶"飓风"式战斗机，他询问新任命的中队长能否让他以一名"普通人"的身份留在中队里。新任中队长大方地邀他"共同领导这个中队"。

这一天，格列佛联队长带着另外两架飞机，以 V 字队形离开中队，朝一批德机机队飞去。在他前面大约 3,000 米的高空，格列佛看到德军一个"梅－109"机的纵队腾云驾雾地飞行于薄雾之上。这正是格列佛梦寐以求的情景。

他不慌不忙地从正中央硬闯敌方的战斗机队。当瞄准具套住一架敌机时，他连续射击 4 秒钟，枪弹击中了那架"梅－109"，他看到座舱罩的透明塑胶裂成碎片，在阳光中闪闪发光。这架梅式机翻转过来，机背朝下，旋转，然后下坠，机鼻朝下，栽落地面。

突然，又一架敌机进入了他的视线。格列佛果断开枪，这架梅式机机翼开始冒黑烟，然后垂直栽落到地面上，爆炸后燃起一团火焰。

就在格列佛的视线还没有收回，第三架敌机又与他擦身而过。他迅速调转机头，向那架敌机攻去。当梅式机进入他的射击圈时，他连续射击 3 秒钟。他看到敌机座舱内好像空无一人，原来德国飞行员被击中后向前跌坐，从外面看不见。这架梅式机急速向地面坠去……

此时，有好几架德机向他的飞机射击，空中布满起伏的枪弹，格列佛感觉仿佛穿越一个巨大的金质鸟笼。

第四架梅式机以略高于格列佛的高度从他头顶飞过。格列佛急转弯，爬升，并朝德机机腹射击。格列佛持续射击了两三秒钟后，听到了不祥的滴答声，这表示子弹已用尽。但是这第四架倒霉的飞机已经受到致命的射击，它翻了个身，便直坠而下，到上帝那里寻找满意的归宿去了。

尽管格列佛已经进入了不适宜空战的年龄段了，因为与 20 岁左右的人相比，这个年龄的人反应要迟钝一些。但是，他具有一种与众不同的特质，这种特质比飞行技术更重要，比锐利的眼力更重要，甚至比敏捷的反应和高超的射击技术更重要。

格列佛是一位胆略过人的飞行员，只有具备了这种胆略，才能在极为接近敌机的相对碰撞航线（如此才能用上正前方的机枪）上飞行。格列佛在射击的一瞬间，距第一架敌机 170 米，距第二架敌机 120 米，距第三架敌机 60 米，距第四架敌机 70 米。正是因为在如此近的距离上射击，机枪才能发挥最大的威力。这是一般人很难做到的。

但是，当格列佛宣称他击落 4 架梅式德机时，几乎没有几个人相信，英国航空部鉴定委员会也只是表示说："有可能。"许多人认为，格列佛似乎不太可能在这么短短的几分钟内连续击落 4 架飞机。

面对这种情况，格列佛自然很不高兴。后来，格列佛独自一人到美斯顿南侧地区，找到了 4 架飞机残骸，证明了他的说词。那 4 架飞机都是德国第 27 战斗机联队的，这下该不会有人说什么了吧，要说就只有一个词——神了。

8 月 31 日下午，又发生了一件很了不起的事情。

这天下午，德军第 2 轰炸航空团的轰炸机突然袭击英国皇家空军的霍恩彻奇基地。当敌机到达机场上空时，地面才发出警报。虽然大部分"喷火"式飞机在炸弹落下之前紧急起飞了，但还有三架没能起飞，它们是迪尔上尉的三机组。

这三架"喷火"式飞机在跑道上乱了套，它们相互干扰。

迪尔一边骂着一边减速，因为再不减速，就要和从侧面过来的同伴相撞了。

就在这一瞬间，德军轰炸机掠过上空，炸弹接连落向正在滑跑的三架飞机。目睹这一情景的人吓得目瞪口呆。

迪尔不顾四周硝烟弥漫，快速飞离地面。就在他离地二三米的时候，飞机被炸弹爆炸的气浪打得翻扣过来。迪尔在头朝下的情况下，还是在离地至多一米左右的高度上继续倒飞着。炸弹掀起的土块飞进了座舱，倒挂在座舱里的迪尔的脸上。这是世界航空史上从未有过的"特技飞行表演"。

突然，飞机发出好像锯子锯东西时所发出的刺耳的声响，原来"喷火"飞机已擦着地面了，并飞了约 100 米。开始是尾翼着地，后是整个机身着地。接着，飞机又翻了个斤斗不动了。亲眼看到这一令人惊心动魄场面的人都在担心，迪尔还活着吗？

离迪尔不远，另一架"喷火"式飞机被炸掉了机翼。埃德塞尔少尉幸免一死，只是脚部脱臼。他设法从座舱里爬出来，爬向迪尔的飞机。

这时，他简直不敢相信自己的眼睛，原来，迪尔既没有死，也没有负重伤，只是闷在里面出不来了。

于是，他俩合作，砸碎了座舱盖，使迪尔爬了出来。迪尔只负了点轻伤。他们两个人步履蹒跚，扫兴地向笼罩着褐色烟雾的机场休息室走去。

第三架"喷火"式飞机冲进了离机场较远一点的田野里，迪维斯中士徒步走了回来，他也没有受伤。

这三名英军飞行员就这样摆脱了空袭。第二天，他们又驾驶着新分配给他们的飞机继续战斗了。

正是这种不屈不挠的精神，才使得英国战斗机司令部的全体官兵顶住了德军的空袭。

No.3　夜袭利物浦

8月28日的晚上，德国空军第三航空队对利物浦实施了一系列经过策划的突击中的第一次突击。按德国空军的标准来看，他们认为这是对联合王国的第一次大规模的夜间突击。由于突击连续进行了四个晚上，所以可以放在一起加以研究。

从8月28日到8月31日的连续四个晚上，德国空军第三航空队平均每晚出动轰炸机157架，突击利物浦和伯肯黑德。事后调查，德国轰炸机中的70%飞到了目标，平均每晚投下爆破弹114吨，散布性燃烧弹257颗，每颗散布性燃烧弹中含有1公斤重的燃烧弹36枚。规模最大的一次（而且德国人认为是战果最大的一次）突击是在29日的夜间实施的，共出动轰炸机176架，其中的137架飞到了位于默尔济河口的这两个海港，共投下炸弹130吨，散布性燃烧弹313颗。28日和30日的夜间，对这两个海港的突击还伴随着对其他一些目标的猛烈轰炸，那主要是由第二航空队的飞机进行的。28日的夜间，除了轰炸利物浦和伯肯黑德以外，对其他一些目标还出动了轰炸机180架，30日晚上出动了112架。在29日和31日的夜间，则分别出动了44架和25架，以迷惑防御的一方，对广大地区进行骚扰活动，以扰乱英国人的休息和工作。

这次连续四夜的突击，代表了德国空军第三航空队在不影响其以后的作战活动的条件下所能出动的最大兵力了。他们所能纠集的部队几乎全部出动了，还从海军部里借了几个轰炸机大队，而这几个轰炸机大队本来是用于配合潜水艇以进行联合作战的。这几次突击中的一个引人注意的特点就是，每次突击都以过去专门袭击船舶的部队为前导。有些德国军队中的战略研究人员不同意这种做法，他们认为对付联合王国的最有力的武器就是进行海上封锁，然而他们的意见没有被采纳。

依德国人看来，对利物浦和伯肯黑德的这几次突击，是集中力量对一个范围虽大但界限十分明确的地区进行的猛烈突击。事实上却并非如此。在第一夜，他们所投下的自以为是瞄准了利物浦的那些炸弹实际上是散落在很辽阔的一块地面上。此外，还由于德国空军的一些助攻部队发挥了很大的迷惑作用，所以直到很久以后，英国方面还不知道德机的主要目标乃是利物浦和伯肯黑德，而误认为是中部各郡。

德机只是在8月31日夜间的那次突击中取得了一些战果，在利物浦的商业区引起了160余起火灾。伯肯黑德也遭到一些破坏，但只有很少几枚炸弹命中了造船厂。从另一方面说，德国轰炸作战计划很不完善这一事实本身，也在英国全国许多地方造成了惶惶终日的现象。空袭警报往往延续五六个小时，夺去了人们的睡眠时间，当然也影响了生产。

这几次突击的效果之一就是暴露了英国夜间防空作战的弱点所在。在这四个晚上的袭击

▲ 德军轰炸机飞临伦敦港上空准备实施轰炸。

中，德国第三航空队共损失轰炸机 7 架，仅占其出动兵力的百分之一略多一些。高射炮还是继续起了迫使德机在高空飞行从而影响了其命中率的作用，但是除此之外，无论高射炮还是战斗机，都未能起到更大的作用。为此，道丁曾经一度主张对德国的无线电导航设备进行全面干扰，即使因此而影响英国的夜间防空作战也在所不惜。但是英国空军部却主张采用另一种更为巧妙的方法，第 80 联队也正是为此目的而组建的。8 月 18 日，在德国空军的夜间轰炸中起到最重要的作用的各个远程导航台的位置均已被发现，并且英国为了转发德国无线电导航信标而建立的九个电台也开始了工作。这一对策究竟取得了多大的效果，在当时固然很难确定，就是现在也很难进行精确的计算。然而从德国的空勤机组中有许多人没有能够找到目标这一事实来判断，至少足以说明来袭的德机还是遇到了一定的困难的。事实最后证明，第 80 联队作出了极为宝贵的贡献，使某些重要目标免遭破坏。

▲ 硝烟弥漫中的英国的神经中枢：白金汉宫。

第八章

伦敦空战陷阱

　　9月初，柏林的空军部颁布了夺取英格兰南部空中优势的最后阶段计划。德国人认为，在刚刚结束的这一阶段战斗中，英国航空兵损失重大。德国空军领导人似乎已经确信，取得胜利的最大希望应该是迫使道丁上将把他可能拥有的预备队投入到战斗中去。为实现这一希望，他们设想突击英国内地的一些目标，为了保卫这些目标，英国将毫无保留地投入全部防空力量。

◀飞往英国执行轰炸任务的德国轰炸机。

No.1 误打误撞袭伦敦

德国空军的整个计划是，在9月第一周将近结束时对伦敦实施一次昼间突击，并以此揭开对各大城市的居民和防空力量进行一系列昼夜突击的序幕。自从8月15日德国空军第5航空队的那次突击遭到失败后，德国空军参谋部就作出了明智的结论：轰炸机群在护航力量薄弱的条件下对距海岸相当远的目标实施昼间突击的这种方法是不足取的。然而德国最近作出的决定又使这一结论难以遵行，除非今后在昼间只使用有限的轰炸兵力，因为不可能有那么多的战斗机为之进行强有力的护航。

新阶段开始前的种种迹象并没有逃脱英国观察家们的注意。在战役的预备阶段，德国空军开始突击沿海运输船只，后来他们以英国空军的前方机场为重点，接着又转向了防空分区的各个机场。前面已经提到，伦敦在8月底遭到了昼间突击；在此后的一周期间，德机感兴趣的目标是位于伦敦南郊和西郊的一些飞机工厂，以及梅德韦河两岸介于塔桥和诺尔灯塔之间的地区内的工厂和船坞。由此可见，德国人的作战方针即将有所改变，但对英国空军说来，最大的危险仍在于德机有可能对防空分区的各机场继续进行突击。

针对这一情况，英国空军的作战计划仍以保卫机场为主，同时也逐渐重视那些有可能遭到德机轰炸的其他目标。8月底以后，帕克已经正式解除了他所承担的为航行于海峡的运输船只提供密切护航的任务，但是他的兵力显然仍不足以应付当前任务的需要。自从布鲁克兰兹机场附近的某些目标在9月4日遭到突击以后，道丁指示他于下一周内为该地区的工厂提供"最大限度的战斗机掩护"，而帕克本人所作的安排则是一方面承担这一新的任务，同时又不

▶ 英军地勤人员正在给飞机挂弹。

削弱对他说来最为重要的防区内各机场的防御。简单地说，他所设想的打法就是在入侵的德机进入海岸线以后和飞临防空分区的机场防御线以前这一期间予以最猛烈的抗击。因此，在出现情况时，他就将派出最大数量的中队，如果有时间集合编队就以两个中队为单位，飞到机场防御线的前方进行截击。帕克要求出航的战斗机切勿单纯为了在高度上超过对方担任上层掩护的战斗机而飞得过高，这样就会漏过德国的轰炸机而使本身的截击任务落空。为了保卫肯利、克劳伊登和比根希尔，他准备在后方保留数量不太多但又足够使用的中队；布鲁克兰附近一些工厂的防御任务指望能得到第 10 大队的支援。泰晤士河以北各个机场的保卫任务由第 11 大队自己承担，待第 12 大队的支援兵力到达后，再把第 11 大队的部队抽出来，投入主要战场。

开战一个多月来，帝国元帅戈林一次又一次接到他的情报官的报告，每次都说皇家空军几乎全军覆灭。但当戈林派出轰炸机飞过海峡时，英国的"飓风"和"喷火"式战机总是大批量起飞，毫不留情地将他的轰炸机击落下来。于是，戈林不再相信情报官的话了，他知道，皇家空军远远没有被消灭。

按照"海狮"计划的要求，德国空军早就应该削弱英国的战争潜力，并夺取海峡及英伦上空的制空权了，但由于空军笨拙的作战，实现作战目标遥遥无期，"海狮"计划不得不一拖再拖。更使戈林感到不安的是，元首开始有些不耐烦了。

怒气冲冲的戈林将他的空军军官和飞行员集合起来，狠狠地臭骂了一顿。骂归骂，但要完成作战任务还要靠他手下的这些人。他决定下放更多的权力，以调动部队的战斗积极性。

▶ 德军轰炸之后，英国消防队员正在紧急灭火。

在下一阶段的行动中，戈林决定一切都放手让下面的人去干。他们有全权在白天黑夜进行轰炸，可以袭击打得到的英国空军的任何地方——包括英国的城市。但是，根据希特勒的指示，戈林把一个城市严格地划在了进攻范围之外，那就是英国的首都。他在伦敦城区的外围画一条线，严禁进攻这条线以内的地区。

对于希特勒为什么会一再明令禁止袭击伦敦，人们有多种解释。有人认为是他希望在自己征服英国之后，能骑着战马从丝毫无损的白金汉宫里耀武扬威的穿过丝毫无损的蓓尔美尔大街，走到丝毫无损的国会大厦；有人认为是因为他担心摧毁伦敦的古建筑会引起不利于他的宣传，从而影响到那些中立国家；还有人认为是因为他已精明地预料到炸毁英国的首都对他在战术和战略上都没有什么好处。

德国空军指挥官中的相当一部分人，主张对伦敦实施攻击。这些人认为，不断地对伦敦实行恐怖轰炸，可以瓦解平民的斗志，最终使士气大落的英国人走到谈判桌边来。

但戈林不同意他们的看法。他质问他的高级将领说："柏林人会向恐怖轰炸屈服吗？我可不相信。我看伦敦人也不会求饶的。"

在这个时候，戈林和希特勒意见是一致的：他们都不愿看到伦敦被毁。

对这个问题英国人是怎么看的呢？

英国的一些高层人员，却十分希望德国空军把轰炸的主要目标转向伦敦。伦敦的一些知情者后来说，丘吉尔几乎每天晚上都要到唐宁街10号的花园里去，当他听到轰炸机的嗡嗡声和炸弹落在郊外的砰砰声时，他就向空中挥舞双手大喊："你们为什么不到这里来？来炸我们，来炸我们呀！"丘吉尔的想法是，如果伦敦变成一片废墟，他就可以更多地得到国际援助，特别是美国的支持。

皇家空军的最高指挥官道丁上将也希望看到德国空军飞到伦敦来。他的想法是，如果德国人开始轰炸首都，那么他们进攻力量的转移就能减轻地面空战设施和军需补给基地的压力，就能使皇家空军获得一点时间喘息、休整，以聚集力量再战。

然而希特勒太狡猾了，他不会上当；他坚持他那条德国空军轰炸机不进伦敦城区的成命，没有一点改变主意的意思。

从1940年8月13日至9月6日是不列颠之战艰难的第二阶段。德军集中突击英空军基地和雷达站，寻歼英空军主力。德国飞机8月24日开始把那些致命的炸弹投向第11大队的7个扇形站。虽然英国的扇形站没有一个被完全炸毁，但是受到一连串轰炸，遭到严重破坏，特别是位于比金山和肯利的扇形站损失惨重。这些神经中枢的功能开始萎缩。此后，英国各前线机场也遭到空袭。8月31日，皇家空军的战斗机指挥部遇到了它最糟糕的一天。一批又一批的德国轰炸机呼啸而来，像月球上的环形山，机场的仓库和指挥大楼被夷为平地，输电线路被切断，飞机被炸毁，地面人员丧生。这一天，德国人总共扔下4,400吨炸弹。皇家空军共损失了39架飞机和14名飞行员——这是迄今英国皇家空军伤亡最多的一天，自不列颠战役打响以来，德国一天之内被摧毁的飞机头一次少于皇家空军损失的飞机。在随后的几天里，风暴和阴云再也没有光顾过英格兰上空，接连几天阳光灿烂，万里无云。从8月24日到9月6日接连13天，德军几乎每天组织千机大轰炸，即平均每天出动近1,000架飞机对英国南部的机场、空军地面部队及航空工业实施攻击。这些攻击及其由此而引起的空战在此间达到了高潮。不列颠战役已经进入了决定性阶段，英国皇家空军驾驶员1个月以来一直处于高度戒备状态之中，每天要出动好几次，他们已经太疲劳了。尽管他们坚持着进行最后艰苦的努力，但德军方面的数量优势开始发挥效力。随后，为了迷惑英国皇家空军的雷达监测人员，德国人在空中采取了一种新的战术，即德国空军的机队整天在法国沿岸飞上飞下，正好在皇家空军的雷达屏幕所能看到的范围之内。监测人员根本就无法预测究竟哪一队飞机会突然转向北方，掠过英吉利海峡，对英发动真正的进攻。第11战斗机大队的5个前进机场和6个战区机场都受到了严重的破坏。在肯特海岸上的曼斯顿和利姆2个机场有好几次接连几天不能供战

▲ 英军飞机正在与德机激战。

斗机使用。保卫伦敦的主要战斗机基地比金山 3 天内遭到 6 次轰炸，基地调度室被摧毁，伤亡 7 名地面人员，以致有 1 个星期之久只能供 1 个战斗机中队使用。皇家空军的战斗机防御力量开始变弱了。在这关键性的两周中，英国被击落重创的战斗机有 290 架，德国空军损失 285 架飞机。英国南部的 5 个前进机场遭到严重破坏，更糟糕的是，沿海 7 个关键性扇形雷达站中的 7 个遭到十分猛烈的轰炸，整个通讯与指挥控制系统濒于彻底摧毁的边缘。同时，皇家空军战斗机的防御力量开始削弱了，短短 10 天内，就有 446 架战斗机被毁或遭破坏，103 名驾驶员死亡，128 名重伤，这两个数字之和几乎是当时全部驾驶员的 1/4。英国面临着灾难性的危险，整个国家也陷入了一片恐慌之中。丘吉尔首相焦虑地说："如果敌人再坚持下去，整个战斗机指挥部的全部组织就可能垮台，国家就有沦陷的危险。"是的，如果德国的这种打击再持续下去，哪怕只是持续 1 周，英国的天空就再不会出现有组织、成规模的抵御力量，可以肯定地说，"海狮"计划就能获得进展。

但是，由于后来发生的一个偶然事件，使事情的发展出现了戏剧性的变化。这个事件是两名德国飞行员犯下的错误造成的。

8 月 24 日夜，德国空军的 170 架轰炸机席卷而来，它们将要袭击从肯特郡一直往北到苏格兰边界的目标。有一部分飞机奉命轰炸泰晤士河沿岸城镇罗切斯特和金斯顿的飞机制造厂，以及距伦敦 20 多公里处的巨型油罐储存设施。领航的飞机靠无线电导航，后面跟着一批没有这种装备的飞机。在飞往目标的途中，两架后面的飞机失去了与那些装有无线电的开路飞机的视觉联系，偏离了主攻的方向。

茫茫的夜空中，这两架掉了队的飞机紧挨着向前飞。突然，它们遭到了英国防空炮火的袭击，而且越往前飞，敌人的火力网越密集。此时，这两名飞行员意识到自己飞行的大方向都错了。无奈之下，他们丢弃了机上的炸弹，转头向东，向法国海岸逃去。

可是，十分不幸的是，当他们卸除炸弹时，他们的飞机正好飞到伦敦城的上空。在从飞机上扔下来的炸弹中，有两颗炸弹呼啸而下，落在了伦敦市的中心，克里坡盖特古老的圣贾尔斯教堂被夷为平地，附近一个广场上的约翰·密尔顿塑像也从底座上被震下来了。其余的炸弹落在了伦敦城北部和东部的伊思灵顿、芬奇利、斯特普尼、托坦汉和贝思纳尔梅林等地区，炸死了一些关门时间从小酒馆里出来的顾客和看完电影从影院回家的观众。

毫无疑问，这次轰炸是无意的。当戈林得知发生这次误炸伦敦的事件后，大发光火，立即给执行轰炸任务的第 1 轰炸航空团发了一封电报：

"立即把向封锁区伦敦投弹的部队名单报上来，空军司令要亲自处罚这些指挥官，把他们都转到步兵去。"

No.2 轰炸柏林

但是，丘吉尔倒情愿认为这是故意的，以便他可以将错就错地作出反应。

丘吉尔立即下令参谋部开会，研究相应措施。与会的全体成员一致作出决定：对柏林实施报复性轰炸。

会议刚刚结束，一项命令就传到了皇家空军的轰炸机指挥部，随后又通过它传到了驻扎在英国东岸诺福克的一个汉普登轰炸机大队。轰炸机大队的飞行员立即做好了起飞准备。

夏日的夜空，繁星闪烁，月光给汉普登机场铺上一层银色的薄纱。

朦胧之中，可以看到机场一片大战前的繁忙。

随着一声令下，穿着镶有羊皮边的飞行服、脚蹬飞行靴的轰炸机飞行员急速向停在机场上的轰炸机奔去。

机械师握住驾驶员的手，拍拍他们的肩头，祝他们好运。场上其他人员跷起大拇指，用特殊的方式祝愿他们的同伴胜利而归。

探照灯打开了，灯光显示出跑道的轮廓。

飞机启动了，隆隆的马达声响彻夜空。

第一架飞机闪亮着红光，开始在跑道上滑行。和其他飞机一样，这架飞机上载着6个人和许多炸弹。

第一架飞机刚刚离地，第二架飞机紧接着腾空。跟着又是第三架、第四架、第五架……

飞机全部升空后，很快编好了队形，一直向东飞去。他们此次轰炸的目标是德国首都柏林。

这是战争开始以来英国皇家空军首次轰炸德国首都。一周前，这个大队还只限于在德国上空撒传单，传单上警告说："希特勒发动的这场战争将继续下去，它将和希特勒活得一样长。"

而现在，英国人要把"纸弹"改为"铁弹"了。他们要让陶醉在胜利喜悦中的柏林尝尝空袭的滋味。

此时，柏林的上空乌云密布。从空中俯瞰地面，目标模模糊糊，若隐若现，只有不到半数的皇家空军轰炸机找到了目标。尽管这样，轰炸机飞行员们还是把所有的炸弹一股脑儿地扔了下去。

从天而降的炸弹使毫无准备的德国人十分震惊。尽管这次空袭给柏林造成的实际损失很小，但却在柏林引起了极大的恐慌。

不列颠战役开始前，戈林曾信誓旦旦地向元首、向所有的德国人保证，英国人的飞机绝

对不可能飞到柏林来，更不会把炸弹扔在柏林，他还开玩笑地说："如果它们飞来了，你们就叫我农夫。"

为了预防万一，戈林对柏林的防空着实下了一番工夫。他在柏林市部署了里外两层高射炮和数以百计的探照灯。可是，当英国人突然袭来时，缺乏应有准备的柏林防空部队措手不及，而且那天晚上面对在厚厚的云层上飞临的英国轰炸机，他们是只闻其声，不见其影，只好瞎子打炮，乱轰一气，结果，一架飞机都没有打下来。

英国皇家空军对柏林的轰炸，使戈林狼狈不堪，真的有人在背后叫他"农夫"了。为了挽回脸面，他向希特勒保证说："以后不会再出现这种空袭了。"

但是，丘吉尔决定把轰炸柏林的行动继续下去，直到希特勒做出符合他意图的错误决定为止。

No.3　伦敦空袭

在皇家空军又接连对柏林进行了三次夜间空袭之后，希特勒坐不住了。他召见戈林并命令他准备好轰炸机部队，发动一次大规模报复行动。

9月4日，就在英国皇家空军进行了第四次夜间空袭之后，希特勒命令在柏林体育馆举行一次大规模的群众集会。

在这次集会上，希特勒慷慨激昂地进行了演讲。他说：

"丘吉尔先生正在展示他的新招术——夜间空袭，他进行这些空袭并不是因为这些空袭多么有效，而是因为他的空军无法在白天飞临德国上空。"

接着，元首让他的听众们放心，他计划对英国人这种蠢不可及的做法采取坚决的行动："当他们说他们将加强对我们城市的袭击时，我们将把他们的城市夷为平地。我们将制止这些夜间空中的强盗行径，愿上帝帮助我们！当英国空军扔下 3,000 或 4,000 公斤炸弹时，我们将在一次袭击中扔下 30 万或 40 万公斤炸弹……在伦敦，英国人一直在充满好奇地问：'他为什么不来呀？'别着急，别着急。我们就来了！就来了！……总有一天，我们两个国家会有一个要求饶，但这决不会是国家社会主义的德国！"

▼ 希特勒乘车前往群众集会会场的途中。

▶ 戈林向希特勒保证，一定会赢得对英空中作战的胜利。

就这样，希特勒在一个关键的时刻，犯了一个影响不列颠战役全局的关键性错误。

实际上，希特勒和戈林如果能坚持原来的空袭战略不变，德国空军很快就可以赢得这场战争。但性急的希特勒和戈林已经等不及了。他们考虑到英吉利海峡的秋季大风即将来临，如果不抓紧时间，德国入侵的舰船就不能在 1940 年跨过英吉利海峡，那么"海狮"计划就要告吹。可是，从海上入侵英国的最重要的条件——制空权，至今仍牢牢掌握在英国皇家空军的手中。

希特勒和戈林当然无法知道，此时皇家空军已十分接近于山穷水尽的地步。皇家空军的战斗机指挥部遇到了十分棘手的麻烦。问题不是出在飞机上，而是出在开飞机的飞行员上。自开战以来，皇家空军被击落的飞机和被击伤而无法立即修复的飞机以及那些在地面被毁的飞机，虽然总数加起来已有数百架，但是，由于战斗机的生产得到了加强，飞机的损失及时得到了弥补，但皇家空军飞行员的损失却不能及时得到补充。仅 8 月份的最后 20 天，皇家空军的飞行员就有 94 人丧生或失踪，另外有 60 名飞行员被打伤或烧伤住在医院里治疗。这样，就大大影响了皇家空军可以出动作战的飞机的数量。道丁上将为这事天天愁眉不展，也拿不出更好的办法。

德国人通过战果统计和英国战机的出动情况分析认为，英国皇家空军虽然已损失了 1,100 架飞机，但并未被摧毁。而德国空军自己的问题却迫在眉睫。每天可参战的飞机数字下降到低于建制的 500 架，补充受过训练的机组人员几乎跟补充飞机一样的跟不上去。

戈林沉不住气了。他建议最高统帅部采取新的战略，将空袭的目标转向摧毁英国首都伦敦。他认为有充分的理由相信，只有攻击伦敦，"才能迫使英国战斗机离开他们的窝，被迫与我们公开交手"。更重要的是,"这样做,可以使世界上这个最大城市陷入混乱和瘫痪,使英国政府和人民产生畏惧心理,从而屈服于德国的意志"。

在皇家空军对柏林实施几次夜间空袭之后,希特勒和戈林想到一起了,他们都认为应当立即转变空袭的重点,把伦敦作为空中打击的重点目标。

这一次,他们的算盘珠又拨错了。他们这样做恰恰中了丘吉尔和道丁的计谋,送给了被打得晕头转向、精疲力竭的英国空军一次宝贵的恢复机会。

完全可以说,是德军轰炸重点的转移拯救了濒临绝境的皇家空军,使几乎无力支撑的皇家空军战斗机指挥部得到喘息,使英国空军满目疮痍的扇形站得以解脱,从而拯救了濒于崩溃的皇家空军,拯救了英国。

德国空军空袭目标的转移,是不列颠之战的重要转折点,它标志着空战的天平开始朝着有利于皇家空军的方向倾斜。

9月5日,戈林一大早就乘坐他的专列,来到了法国北部。次日晚上,在加来港和布洛涅港之间的一条铁路上,他为航空队的指挥官们举行了一次宴会,戈林告诉他的客人说:"从现

▼ 在英国防空指挥中心的办公室里,指挥官们正在紧张地工作。

在起，我将亲自指挥这场战役。"

指挥官们与他一起高喊着"胜利"干杯。宴会一直持续到凌晨才结束，列车中充满了胜利似乎就要到来的气氛。

12 个小时之后，即 9 月 7 日星期六的下午，戈林下达了空袭伦敦的命令后，来到了法国格里斯－内兹角的一个德军前线观察哨。站在山头上的戈林，此时圆圆的脸放着红光，他在等待着观看那令他激奋的一幕。

过了不多时，在他头顶上就出现了一批又一批的德国轰炸机，这些轰炸机呼啸着飞过狭窄的英吉利海峡，它们的目标地是伦敦。

在纳粹德国空军总司令戈林的私人档案资料中，有这样一幅带有战场背景的宣传照片：戈林站在法国加来海岸的一个高山顶上，对面多佛尔的白色峭壁在远处闪闪发光，一批批德国轰炸机正向英吉利海峡对岸扑过去；机场上，密集排列的"施图卡"轰炸机已做好出发准备，随时可以升空。这张照片的拍摄时间是 1940 年 9 月 7 日下午 5 时，德国大规模空袭伦敦的前一刻。

希特勒对英国有能力空袭柏林大为震怒。他命令戈林进行相应的报复行动。希特勒甚至认为轰炸伦敦能造成英国国民的恐慌情绪，德国或许不需陆军劳师远征就能迫使英国举手投降。其实，戈林和希特勒在 1940 年初就曾设想出伦敦被炸的情景。在一次总理府晚餐会上，希特勒简直陶醉在自己的梦幻之中，大谈如何轰炸伦敦。他说："你看过伦敦的地图吗？城市这么拥挤，一把火即可烧毁全城，就像 200 多年前发生过的那样。戈林想用无数具有新威力的燃烧弹，在伦敦的各区播下火种，使伦敦到处都是火源，成千个火源将汇成一片火海。戈林的想法完全正确。炸弹可能不起作用，但是，用燃烧弹就可以把伦敦烧毁。"

9 月 7 日的傍晚，当德国大批机群起飞准备轰炸伦敦时，英国空军上将道丁正在本特利修道院里办公。

修道院外面天气晴朗而温和，可是道丁的办公室里却弥漫着大难临头的阴森寒气。

他的助手空军少尉怀特带着一脸凝重神色来到他的办公室，有些不安的对他说："雷达发现德国大批飞行起飞，轰炸目标难以判断。"

两人来到了调度室的观望台，他们看着下方那张桌子上铺开的一张英吉利海峡和英国的巨幅地图。"空军妇女后援队"的姑娘们穿着蓝色的衬衣，头戴着耳机，正在用长棍子推着地图上的板块。每只板块都代表一个机队，是敌机还是皇家空军的飞机则要看它是什么颜色。随着新的情报不断从外面的监测站传来，这些板块的位置也在迅速地移动着。板块在桌上爬来爬去，而且不断有新的板块被放到桌子上，所有这些看上去就像一盘正在进行的巨型轮盘赌博游戏。

道丁全神贯注地看着地图，当他看到皇家空军第 11 大队的指挥官帕克"喷火"式和"飓风"式飞机已经升上天空时，才松了一口气。

道丁知道，帕克将指挥他的飞行员们按既定的战术行动。在过去两周的空战中，这套战术十分有效。皇家空军的战斗机飞行员驾驶在 7,000 米的高空盘旋待机，他们通过空中——地面的电话通讯系统每分钟都能从战斗机指挥部得到情报。德国空军大型机队通常是在到达英国海岸上空时再突然分开，分别进攻不同的目标。此时，在高空待机的皇家空军指挥官一旦得知进攻的德军机队分散了，便像猎人第一眼看到狐狸那样，大喊一声"嗬嗬！"命令飞行员们分别出击。随后，皇家空军的飞行员就会一队队地俯冲下来，与敌人战斗，在敌人尚未到达目标之前尽可能多地击落敌机。

当道丁注视着那幅大地图，想着皇家空军将如何行动时，突然产生了一种不良的预感，他后来回忆说，当时的感觉"犹如一把匕首插进了心脏"。他想：如果进攻的飞机这一次不散开，而是一起整体行动怎么办？如果他们突然进攻伦敦怎么办？英国空军没有对付这种意外

▼3 名德国空军轰炸机机组成员在座舱里准备飞赴伦敦执行轰炸任务。

的准备。想到这里，道丁不禁打了一个寒战。

正在这时，道丁听到他的助手说："这就怪了，他们好像并不准备散开，是吗，先生？"

大约有 300 架轰炸机，在 600 架"梅－109"和"梅－110"的护卫下，正在飞往英国的途中。

第一批飞机自东边飞过来后直奔泰晤士河。它们沿河而上，有几架飞机把炸弹投到了泰晤士黑文的油罐上，这些油罐在头一天的空袭中就被点燃了，大火还在燃烧着。

另外一批大约 150 架飞机则向伦敦飞去。这些轰炸机飞得比平时高很多，达到了 5,000 米的高度。在这些轰炸机的水平高度，由"梅－110"飞机编队在四周护航；在这些轰炸机的上面，"梅－109"飞机以梯状队形迂回巡逻，随时准备对付皇家空军的战斗机。

此时，空中显得特别安静，没有发现一架皇家空军的战斗机进行拦截。原来，英国战斗机部队估计德军轰炸的目标还会是皇家空军的战斗机基地，他们全部起飞去保卫这些目标，恰好让出了飞往伦敦的通道上。

当德机到达泰晤士河上空时，部署在两岸的英军防空炮火开火了，火力逐渐加强。但是，

▼ 英军"喷火"式战机从德轰炸机前飞过。

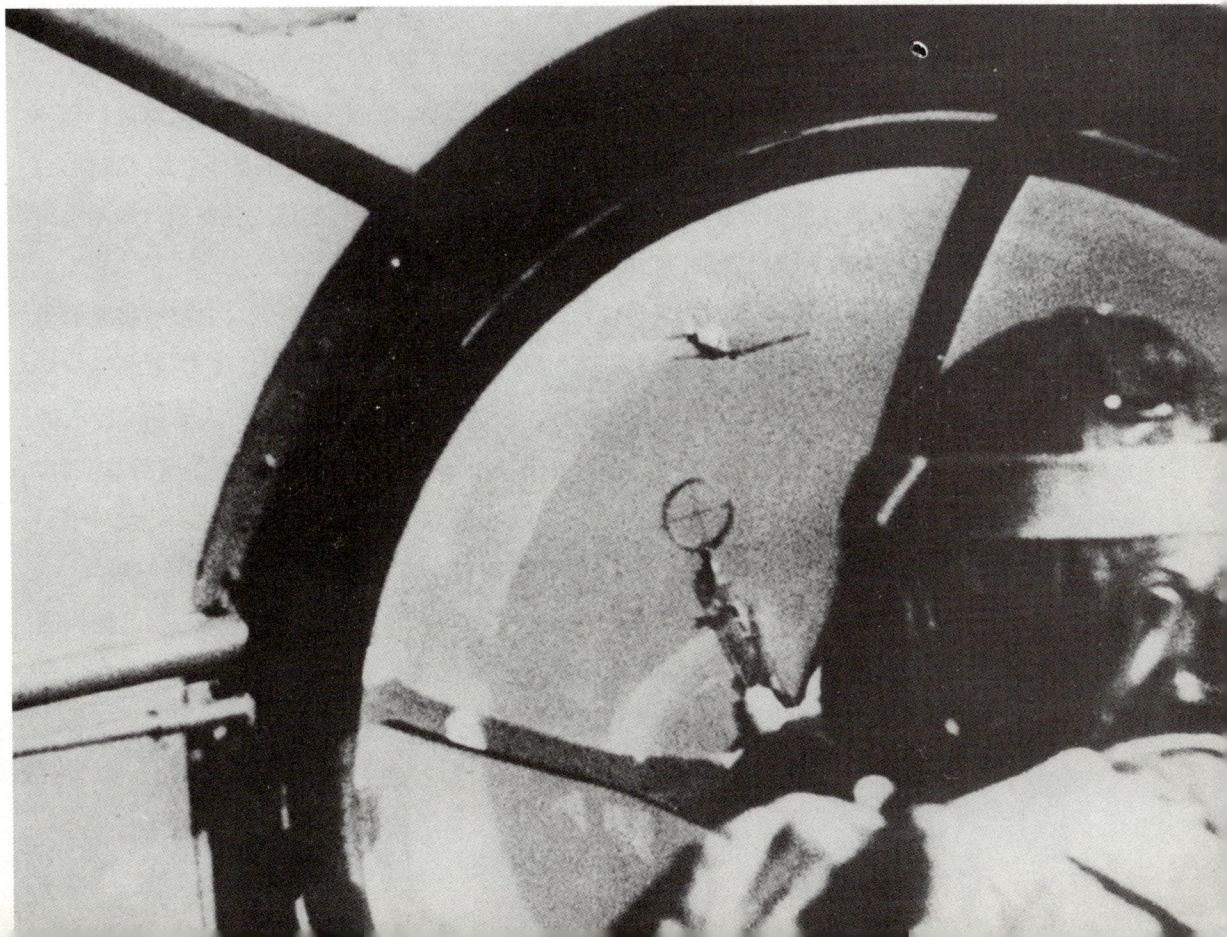

由于飞机飞得太高，高射炮炮弹爆炸时的白色烟团在进攻者看来与其说是一种威胁，还不如说是在向他们鸣炮敬礼。德国的飞机像一列有条不紊、方寸不乱的阅兵队伍，继续向着伦敦前进。

很快，伦敦城的轮廓出现在德军轰炸机乘员的目光中，飞机开始"下蛋"了。

遭到轰炸的第一个目标是位于泰晤士河南岸的伍尔维奇兵工厂，英国陆军的炮弹和皇家空军的炸弹都是这里生产的。炸弹直接击中厂区目标，滚滚的浓烟和熊熊的烈火像一支巨大的火箭直冲下午的天空。

下一个目标是伦敦港口区的码头和仓库重地，这个城市绝大多数的供给都是由外面运到这里的。接下来的目标是维多利亚和艾尔伯特码头、西印度码头和商业码头。当炸弹落到这些地方时，轮船沉没，桥梁和人行道被炸塌，起重机倒在水里，泄漏在水面上的油熊熊燃烧起来。

后面飞来的轰炸机已不需要指示目标，那些飞行员只要看见他们下面有烟有火就往下投弹。

德军轰炸机的轮番突击，很快就把伦敦东区简陋的街道和过于拥挤的房屋炸成了废墟。西弗尔镇、坎宁镇、莱姆豪斯、巴尔金、泰晤士大桥、坡普勒和米尔沃尔区都成了一片瓦砾。

那些未被埋在碎砖乱瓦下的居民收拾起包裹，把大包小包塞进婴儿车或手推车里，连滚带爬地往城外逃，他们估计夜幕降临后会有更多的炸弹落下来。他们估计得一点儿也不错。

张皇失措、狼狈不堪的皇家空军不顾一切地想挽回颓势。帕克已经把第11大队的所有飞机都派上了天，并急速飞往伦敦。道丁命令第12大队的司令官利－马洛里立即全力支援帕克。

很快，两个大队的战斗机撕开了由"梅－109"和"梅－110"组成的保护层，皇家空军的战斗机飞行员们带着决一死战的决心，向那些轰炸机俯冲下去。

伦敦人惊恐万状地盯着天空，看到一架又一架的德国轰炸机起火冒烟，向那些被毁的街道废墟栽下去。这时，他们惶惶不安的心情得到了一些缓解。

然而，皇家空军打得太晚了。破坏已经造成。大约有400人死亡，上千人受伤。伦敦的码头遭到了严重的破坏。东区被毁使这个城市的许多人无家可归。德国飞机在返回基地时，被击落47架。

这一次，德国人有充分的理由认为，他们将伦敦的对空防御系统大大地嘲弄了一番。

戈林打电话告诉他的妻子艾米说："英国首都已是一片火海。"随后，他又通过电台向德国人民发表了讲话。他以充满狂喜的声调对德国人民说："伦敦已成为德国空军的靶子，我们一拳击中了敌人的心脏。"戈林还向德国人民保证，今后这种打击将会更多。

▼ 英国城市居民在被德机轰炸后的瓦砾中行走。

No.4 "黑潭战线"

伦敦的被袭，使道丁深感内疚。他知道，是自己在指挥上的疏忽增大了不应有的损失。

次日，道丁下令从战事不是很激烈的防区抽调最优秀的飞行员来加强第11航空大队，同时，还从南部、西部和中部各城镇的防御系统中撤出许多重型高射炮连，火速开赴伦敦。几天之内，首都上空逐步建立起一道密集异常的火力网，这道火力网虽然没能击落多少进犯的敌机，但却使它们不敢肆意横行。

幸运的是，9月8日德国空军并未再次大规模空袭伦敦。可是，在9月9日，又有200架以上拥有强大护航力量的轰炸机于正午时至6时空袭伦敦。不过，这回皇家空军已经有准备了。

就在雷达站刚刚发出有大量敌机飞越英吉利海峡的警报时，皇家空军"喷火"式和"飓风"式飞行中队就立即起飞了。

当德军第一批几乎全部被战斗机团团护卫着的轰炸编队飞入多佛尔上空时，帕克的两个飞行中队猛扑了上去。

皇家空军得到的命令是："飓风"式战斗机袭击敌轰炸机，"喷火"式战斗机对付敌战斗机。

英德两方的战斗机一对一地追逐紧咬，展开生死搏斗，蔚蓝色的晴空布满了一道道令人眼花缭乱的白色雾化尾迹。这是给德国轰炸机飞行员的有力警告：休想在不受到攻击的情况下到达伦敦上空。

在苏塞克斯上空，帕克的另外三个飞行中队向一群德机发动猛攻。皇家空军战斗机的凶狠攻击把德军轰炸机赶到西面，使其陷入了帕克另一个飞行中队和由达克斯福德起飞的整整一个联队的攻击之中。德机顾不上瞄准就仓皇投弹，炸弹散落在伦敦的西南部以及切尔西和里士满之间的伦敦郊区。

其后几天，德国不惜代价继续闯入伦敦地区上空并给伦敦造成了巨大的破坏，市区有1,000多处被炸后发生过火灾，市民死亡近万人，市区1/5的房屋被炸毁，到处是断墙残壁。满目疮痍的城市里，弥漫着一种刺鼻的焦糊味。交通和公共设施遭到严重破坏，3条主要铁路干线的终点被炸得不能使用，每天从伦敦开出的火车由轰炸前的60次减至4次。人们缺水、缺电、缺煤气、缺食物，甚至缺药、缺修补震坏窗户的玻璃……然而纳粹的残忍并没有而且也不可能泯灭这个民族顽强不屈的灵魂。相反，他们的行为更增添了英国平民对纳粹的仇视和憎恨。在此命运攸关的时刻，英国战斗机司令部的战术作了重大改变。"喷火"式和"飓风"式战斗机不再以零星分散的中队投入战斗，它们采用能与敌方一争高下的大机群编队形

▲ 英军飞行员正把一挺并列机关枪拿到即将执行空袭任务的飞机上。

式和德国空军对阵。以"大型飞行联队"作战的日子来到了。几百架"喷火"式和"飓风"式飞机在阳光的照耀下闪着光芒，像一把把利剑横在天空，等待斩下侵略者的一个个魔爪。

在这两批德国轰炸机中，能飞临伦敦居民区的连一半也不到。几乎没有什么军事目标和工业目标被击中；德国空军损失 28 架飞机，皇家空军损失 19 架战斗机。

如果说首次空袭伦敦的成功，曾使得某些德国人相信皇家空军已濒于山穷水尽的地步的话，那么，这一次皇家空军战斗机所表现出的强大威力，则使得他们大为惊恐。在皇家空军的辉煌战果面前，戈林所有的大话都显得十分荒唐。同时，这也使德国海军作战参谋部有理由强调说：很明显，德国还没有取得入侵所必需的无可争辩的空中优势。

9 月 10 日，德国空军再度猛烈空袭伦敦。一支由 100 架轰炸机组成的机队在密集如云的梅式飞机的簇拥下，成功地窜入船坞区和市区上空，造成巨大破坏和惨重伤亡。同一天下午，一支编队严密的德国机队准确地轰炸了南安普敦附近一家新建的飞机厂。

这一天，皇家空军战斗机司令部确实不走运，因为它在击落 29 架德机的同时，自己也损失了 25 架飞机。

9 月 14 日德机对伦敦的第四次白昼空袭只遭到微弱的抵抗，德国空军以 14 架飞机的代价击毁了 14 架皇家空军战斗机。

9 月 10 日以来的情况似乎表明，皇家空军的战斗力受到了很大削弱。在这种情况下，希特勒预告通知三军将领，准备实施"海狮"计划。

但是后来，皇家空军轰炸机部队的英勇作战，使希特勒不得不又一次推迟计划。

9 月初，德国已在法国各港口内集结了 1,000 艘以上的驳船，此外 600 艘停泊在内河上游的安特卫普港。这些船只成了皇家空军轰炸机部队的大好目标。

每天晚上，这些轰炸机携带着最大限量的炸弹，飞越海峡作近程轰炸。在两个星期的持续轰炸中，它们不仅炸毁了 12% 的准备入侵的船只，而且还摧毁了港口附近的登轮器材和通讯设备，阻挠了对已选定的入侵航道的扫雷工作。

英国轰炸机上的飞行人员从飞机上可以清楚地看到，每天晚上，从布伦到奥斯坦德这一带的整个法国海岸，似乎被吞噬着驳船和港口设施的烈火抹上了一层红色，无数颗炸弹就在这一大片火海中纷纷开花爆炸。这番景象，再加上无休止地向他们驾驶的轰炸机射来的各种色彩的曳光弹雨，构成一幅奇特的图画，他们幽默地将这段海岸线称为"黑潭战线"。

▲ 英军飞机正在执行任务的途中。

第九章

历史铭记的一天

　　在英国，每年的 9 月 15 日都是作为"不列颠战役日"来进行庆祝的。这个日期之所以被选定，主要是认为在 1940 年的这一天击落了 180 架德国飞机。实际上德机被击落的只是这个数字的 1/3。如果 8 月 15 日的空战使德军最高统帅部知道空中优势不是在短期内可以赢得的，那么 9 月 15 日的空战就进一步说明他们根本没有希望赢得空中优势。

No.1 "一场最大的战斗"

9月15日,戈林决定给伦敦开一付剂量更大的药方。他命令他的轰炸机和战斗机竭尽全力进行"一场最大的战斗"。

这位德意志的帝国元帅在过去的一个星期里,时而欣喜若狂,时而疑虑满腹。一方面,有关英国首都遭到破坏的报告使他欢欣鼓舞,他已完全相信,伦敦人死得越多,英国其他地区要求讲和的愿望就会越强烈。有好几次他向他的下属保证:"海狮"行动将无需执行了,因为德国空军显然已经控制了英国的天空,无需一个德国士兵打到英国海岸,仅靠空军就能把英国人制服。

▼一名英国警察正在察看坠毁的德军飞机。

而另一方面，当戈林听到德国空军在英国上空受损失的报告时，他又陷入深深的沮丧之中。当他有一次去视察在法国北部的德国空军部队时，所到之处怨声载道，这使他闷闷不乐。轰炸机部队说他们得不到足够的保护，战斗机部队说伦敦处于航程极限的边缘，所以他们只能打一二十分钟的仗就得飞回来。

战斗机和轰炸机部队的将领都在为日益增多的损失发愁。轰炸机不断地被那些德国空军情报部门宣布为不复存在的皇家空军的战斗机中队所击落，战斗机也接二连三地被打下来，因为它们燃料不足，无法在空中的激战中随机应变。还有一些飞机因为油箱耗空，栽到了加来的海岸上。

戈林极尽花言巧语安慰这些满腹怨气的部队，他向官兵们保证，再进行最后一次大规模的白天袭击，就会全部结束，万事大吉，皇家空军将被一举全歼，而伦敦遭受的打击如此沉重，它除了叫饶之外别无选择。

然而，此时的德国空军，已非空战开始时的德国空军了。其轰炸机力量已丧失一半，战斗机也损失严重。为了使一支战斗机队在掩护了一批轰炸机出击之后立即再去掩护下一批，德国空军指挥官们不得不煞费苦心地安排轰炸机的出击和战斗机部队的护航。

9 月 14 日晚，德国空军指挥部根据戈林的指示，经过精心筹划，制定了第二天的作战方案。他们要将自己的全部力量拿出来，在英格兰南部与皇家空军决一高低。

1940 年 9 月 15 日，星期日，一个金色秋日的黎明来到了。

这天天色柔和，阳光温暖宜人，能见度良好。年轻的皇家空军战斗机飞行员早已在整个英格兰东南部和伦敦周围的机场值班室内集结待命。可是后来在肯特和萨塞克斯的上空逐渐聚集了云朵，到了下午，这两个郡的大部分天空已经覆盖了一片高度为 1,200 到 1,800 米的浓云。

德国空军的作战计划是以第 2 航空队的大约 220 架轰炸机对伦敦实施一系列的突击，以第 3 航空队的大约 30 架轰炸机突击波特兰和南安普敦郊区的秀泼马林飞机工厂。负责支援的德国战斗机大约出动了 700 架次。第 3 航空队对波特兰的突击还有意选择在一个使英国第 10 大队穷于应付的时间，因为当时米德耳瓦洛普防空分区正忙于增援第 11 大队。然而德军的主攻却因为分为两个明显阶段，致使其效果受到削弱，因为英国空军的战斗机中队正好利用两个阶段之间的间隙时间加油装弹，做好

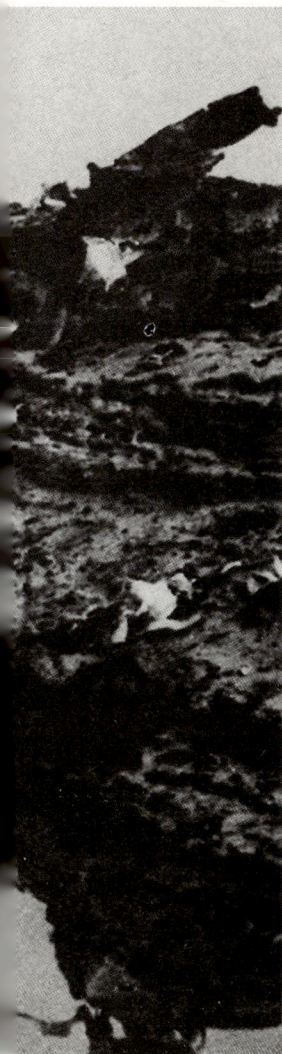

◀ 伦敦上空漂浮着的阻塞气球用于防止德机袭扰。

▶ 丘吉尔与军方高级将领商讨战争进展情况。

再次出动的准备。

　　指挥皇家空军英格兰南部空战的，是第 11 航空大队的帕克少将。9 月 14 日，他在指挥部彻夜未眠。根据所掌握的情报，他知道第二天德军将出动大批次飞机进攻，他与他指挥部的其他人员共同制定了一个周密的应对方案。

　　这一天，德国空军继 14 日的 2 次猛烈空袭后，集中最大力量对伦敦再次进行了白天空袭。这是这场战争中的决定性战斗之一，而且和滑铁卢之战一样，也是在星期天。一早，德军的最大轰炸机编队出动了，200 多架德国轰炸机在 600 多架战斗机的层层掩护下，遮天蔽日地向伦敦压来。德国飞行员感到胜利几乎是唾手可得了。皇家战斗机司令道丁上将几乎把所有的部队全都派上了天。第 11 和第 12 战斗机大队共有 24 个中队，近 300 架飞机，一批一批地腾空。道丁还命令英国中部的第 12 战斗机大队派出几个中队支援受到德军巨大压力的第 11 大队。所有这些"喷火"式和"飓风"式战斗机在伦敦以南、以西的空中筑起了一道钢铁防线。此刻，这些皇家战斗机没等占据有利攻击位置，就迫不及待地在与德机同一高度上，从前方像一把把匕首直插德国轰炸机编队，顿时把德国机群搅成了"一锅粥"。几十架"喷火"式

战斗机随即解散队形，各自为战。飞行员猛按射击按钮，枪口狂喷火舌，德国轰炸机顿时阵脚大乱，几分钟内就接二连三地冒着黑糊糊的浓烟坠毁了。今天双方都竭尽全力，展开了大规模的混乱厮杀。午后刚过 2 时，当德国飞机像无边无际的潮水似的再次越过海岸时，英国又有 2 组结队成双的飞行中队和 3 个半单独行动的中队迅速飞向敌机。德国飞行员碰上了比以前更为众多的"喷火"式和"飓风"式飞机。空战异常激烈，天空布满了横七竖八的道道白烟。在地面上可以清楚地看到高射炮群向空中敌机发射出愤怒的炮火，听到炮弹在空中的爆炸声。空中还不时传来飞机扫射声，飞机被击中后发生的爆炸声，引擎加速时的尖叫声和飞机急剧俯冲的尖厉声。这是血的拼杀！这是火的较量！德机狼狈逃窜！在这个具有特殊意义的日子之后，德国空军再也不想找机会和英国空军展开大规模的战斗机交锋了。在这一天，英国皇家空军大获全胜。第二天伦敦报纸大字刊出"全歼德机 185 架"。人们欢欣鼓舞，奔走相告。整个伦敦家家户户自发地挂起了英国的米字旗，庆贺皇家空军的大胜。

9 月 15 日上午，英国首相丘吉尔也来到了位于地下 15 米的帕克的作战指挥室。

第 11 航空大队作战指挥室像一座小剧场，纵深约 20 米，一共有两层。首相坐在楼上的特别座厢里。在他的下面是一张大型地图台，台的周围约有 20 名受过良好训练的青年男子和妇女，以及他们的电话助手。在首相的对面，悬挂一块遮盖了整面墙壁的大黑板，黑板分成 6 个装有若干灯泡排列的纵行，代表 6 个战斗机驻防中心，这些驻防中心的每个战斗机中队又有它自己的小格，并且用横线划开。当最下面的一排灯泡亮了的时候，就表示中队已经完全做好准备，能在命令下达后两分钟内"立即起飞"；倒数第二排灯泡亮了的时候则表示中队已经"准备完毕"，能在 5 分钟内起飞；倒数第三排灯泡表示中队已经将要做好准备，能在 20 分钟内起飞；倒数第四排灯泡亮时，表示中队的飞机已经起飞；倒数第五排灯泡亮时，表示中队已经发现敌机；倒数第六排灯泡是红色灯泡，当这排灯泡亮时，表示中队正在与敌机战斗；而最上面的一排灯泡亮时，则表示中队已在返航。

在首相的左边一个类似玻璃座厢的小屋子里，有四五名空军军官负责分析、判断从对空监视哨收到的情报。右边是另外一个玻璃座厢，里面是陆军军官，负责报告英国高射炮队的作战情况。

首相在特别座厢里坐了一会儿，向楼下走去。看到首相走来，帕克迎上前去说："我不知道今天会不会发生什么情况。目前还平静无事。"

丘吉尔看到，帕克满面倦容，一副心事重重的样子。是啊，保卫伦敦的重担，压得他喘不过气来。

一刻钟以后，作战指挥室的气氛紧张起来了。丘吉尔看到，空袭坐标员开始来回走动，把接到的敌机入侵的情况摆在大型地图台上。

据报告，40 多架敌机正从迪埃普地区的德国机场飞来。当各个中队完成"立即起飞"的准备时，墙上的指示牌底层的那一排灯泡也随着亮了。紧接着传来了"20 多架"、"40 多架"的信号，很显然，10 多分钟后就要进行一场激烈的战斗了。天空中开始布满了英德双方的飞机。

信号接连传来，"40 多架"、"60 多架"，甚至有一次是"80 多架"。在首相下边的那张桌子上，标图员们每分钟都在沿着不同的飞来的路线推动队标，标明所有分批入侵的敌机的行动；首相对面的黑板上，一个接一个地亮起来的灯光表示皇家空军的战斗机中队已经飞入上空，直到最后只留下四五个中队处于"准备完毕"的状态。

不久，红灯表明第 11 航空大队大部分的战斗机中队都已投入战斗。忙碌的坐标仍在根据迅速变化的情况来回推动队标。帕克空军少将不时地发布如何部署他的战斗机队的指示，坐在楼上"特别座位"中心的一位青年军官根据他的指示，做成详细的命令，传达给各战斗机队的机场。丘吉尔就坐在那位青年军官的旁边，看着他发布命令。

转眼之间，第 11 航空大队所有的战斗机中队都已投入战斗。此时，有些飞机已经开始飞回来加油了。所有的战斗机都在天空中，下面一排灯光熄灭了，这表明留作后备的中队，一个也没有了。

这时，帕克打电话给驻在斯坦莫尔的道丁上将，要求从第12战斗机大队抽调3个中队归他指挥，以防万一当他自己的战斗机中队正在补充弹药或加油时，敌人再来一次大袭击。

道丁满足了他的要求。三个增援的中队很快就加入了战斗。

这时，战场形势依然十分严峻。丘吉尔觉察到，帕克显得有点焦躁不安。从战斗打响到这里为止，丘吉尔一直是默默地察看，没有说过一句话。

现在，丘吉尔走到帕克身旁，轻声问道："我们还有什么其他的后备队吗？"

"一个也没有了。"帕克空军少将在回答首相的问话时，心情"显得很沉重"。

丘吉尔心里很清楚，此时皇家空军的飞机大多数需要返回基地加油了，如果加油的飞机在地上又受到"40多架"或"50多架"敌机袭击的话，那损失将会有多么惨重啊！首相不由得担心起来。

事实上，当时的情况的确很危急，如果这时真的有几十架德国飞机进攻，帕克没有任何对付的办法。

又过了5分钟，黑板上的灯泡显示，大部分的中队都已降落，它们需要加油。

此时，指挥部的气氛好像凝固了，

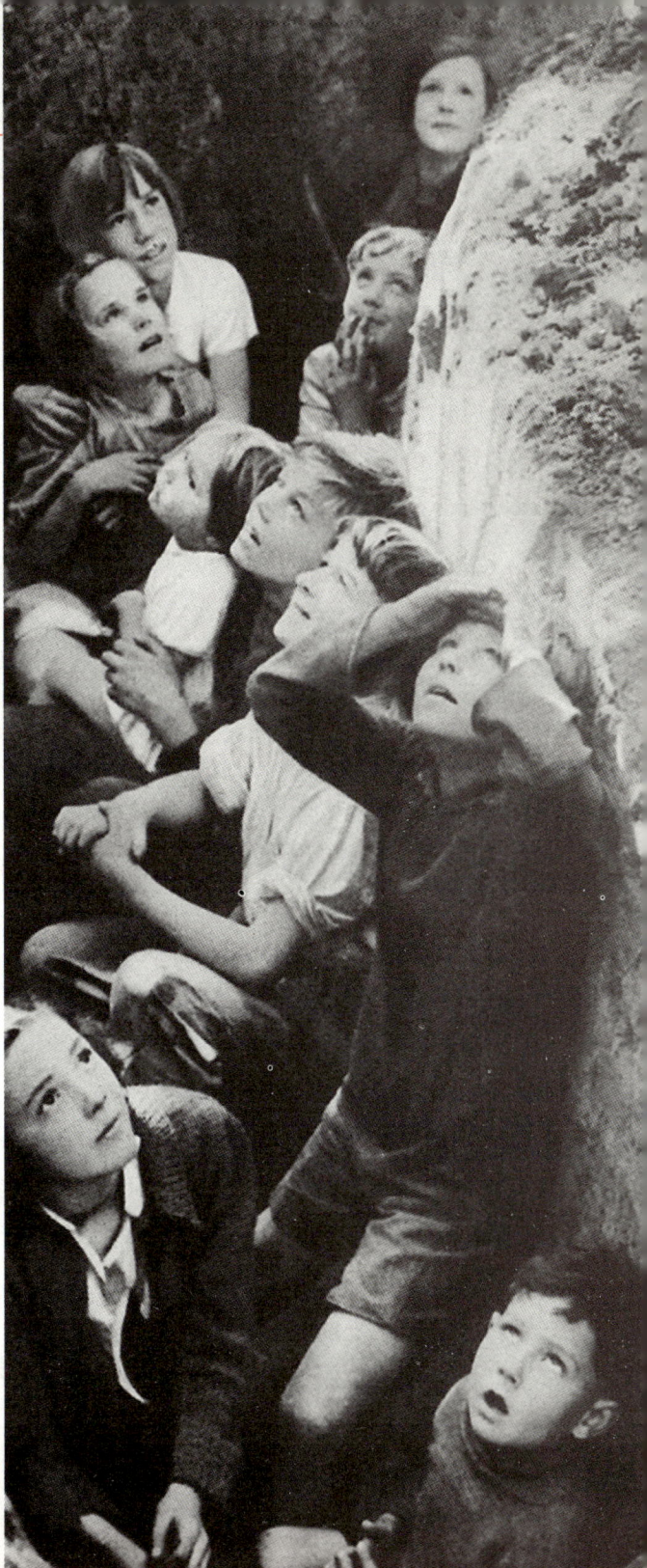

▲ 躲在防空壕中的英国儿童好奇地注视着空中飞过的英军飞机编队。

人人都瞪大眼睛盯着地图台，看着上面标示的德国飞机运动的方向。

真是万幸，桌子上移动着的坐标表明德国轰炸机和战斗机不断地向东移动，它们飞回去了。几乎所有的人都长长地出了一口气。

最高兴的就数帕克少将了，他喜形于色地对丘吉尔说："首相，我们感到高兴的是，你亲自看到了这次空战。在最后20分钟，情况太复杂了，我感到几乎无法应付了。你由此可以看出我们目前力量的极限。今天使用的力量远远超过了我们力量的限度。"

丘吉尔的心情也很好，他微笑着问帕克："战果报上来了吗？"

"还没有。"帕克回答。

"报上来后赶快告诉我，"丘吉尔接着说："这次打退敌人进攻的空战打得很好，我向你们表示祝贺！"

帕克回答说："我感到不满意的是，我们截击到的敌机不如原来所希望的那样多。显然，敌机到处突破了我们的防线。据报告说有好几十架德国轰炸机及其护航战斗机进入了伦敦上空。"

"关键是我们取得了胜利！"丘吉尔安慰他说。

随后，首相就离开了作战指挥室。

No.2　气馁的行动

午后刚过两点，雷达再次发出警报，德军又发动了第二次攻击。德机在丹季讷斯和多佛尔之间进入海岸，分成3个编队向伦敦飞来。

帕克命令6个中队成双起飞，去迎击尚在海面上空的敌方机队。

当德国飞机像无边无际地潮水似的再次越过海岸时，又有两组结队成双的飞行中队和三个半单独行动的飞行中队迅速飞向敌机。它们是巴德的联队和布兰德的若干战斗机中队。

这次飞来的德军轰炸机群，可没有层层战斗机为其护航了。在上午的激战中，德军有大量的"梅－109"机被击落或遭重创，使德军的护航机更显不足了。

此时，云层开始从英格兰东南部上空向伦敦上空压来。向伦敦隆隆飞来的德国轰炸机群编成两支单独的机队，各由一支小小的"梅－109"机队紧密护航着。与此同时，一支奉命廓清伦敦上空英国战斗机的高空飞行的德国战斗机庞大机队也向伦敦涌来。

皇家空军的战机与敌人交火了。从霍恩彻奇起飞的战斗机在肯特上空与德机展开激战，由坦格米勒起飞的两个飞行中队扑向德军轰炸机队的左翼，迫使多架德机仓促投弹，匆匆逃窜。

当德国战斗机队的前锋机群到达特福以及肯特周围的乡村上空时，遭到皇家空军大约 15 个战斗机中队的阻击。

虽然德国飞行员因碰上比以前更为众多的"喷火"式和"飓风"式飞机而大为震惊，但他们还是相当勇敢地迎战。战斗机旋转滚翻，在深邃蔚蓝的 9 月晴空里，到处飘散着一条条纵横交错的白色雾化尾迹。

在德国战斗机的顽强护卫下，一部分德国轰炸机得以对其目标施以轰炸。泰晤士两岸地区广泛遭到破坏。

那天下午，德机对波特兰的牵制性攻击虽然避过了英国战斗机的截击，设法到达了目的地，但是并没有造成多大破坏。在此同时，飞去轰炸南安普敦附近"喷火"式飞机工厂的密集机队，虽然也躲过了战斗机的截击，并在离地面仅 600 多米的低空投弹，但并没有命中目标。

正当伦敦上空的空战达到高潮的时候，一批较小的德国轰炸机，无战斗机护航，越过海峡向波特兰飞来。防空雷达提前半小时发出了预警，但是低估了来袭德机的兵力。此外，不知是由于幸运还是由于技术，德机选择的却是一条十分出人意外的进入航线，使得全波特兰地区只有一个阵地上的高炮可以对其射击。更为糟糕的是，由于增援了第 11 大队，当时在米德耳瓦洛普防空分区只剩下一个中队可供使用，结果该中队只是在德机返航途中进行了截击。六时左右，另一批德国轰炸机在双发动机战斗机的护送下接近汉普郡海岸。提前 20 分钟的预警使得第 10 和第 11 大队来得及在德机到达之前派出 4 个中队，后来又派出了第 5 个中队，但在德机投弹之前都没有能够截击上。

9 月 15 日结束时，德国空军轰炸机飞行员的士气空前低落。尽管这一天德机在对伦敦的两次袭击中，被击落的实际数目不超过 60 架（皇家空军损失 26 架），但是有好几十架轰炸机摇摇摆摆地返回基地时，已是千疮百孔、弹痕累累，许多飞机上都有一名或一名以上的空勤人员被打死或受重伤。至于德国战斗机飞行员，尽管表现不错，但当他们看到那些据说早在几天前就被撵出了天空的"喷火"式和"飓风"式飞机反而明显地不断增强时，也越来越感到气馁。

这一天，皇家空军战斗机司令部两次都出动了 300 架以上的战斗机在英格兰南部上空飞行作战。

在这个具有特殊意义的日子之后，德国空军再也不想找机会同皇家空军展开大规模的战斗机交锋了。

9 月 16 日，德国空军的战斗机和轰炸机几乎全部躲在老窝里舔肉体上和精神上的创伤。

▲ 英国港口遭到德机的轰炸。

"不用说，我们的轰炸机和战斗机部队在物质、人员和士气等方面，都蒙受了惨重的损失。每一个飞行员都对是否能继续展开空中攻势表示怀疑。"德国战斗机飞行员加兰这样写道。他说："事物不可能总是一成不变的，你可以扳扳手指算一算，什么时候该轮到你了。概率论的逻辑无可争辩地向我们显示：'一个人经过这么多次的飞行，死期也不远了，有些人早一点，有些人晚一点。'……我们看到一个又一个同伴，久经战斗考验的老战友，相继从我们的行列中消失了……"

甚至在德国空军还没有在轰炸伦敦中遭到灾难性失败的时候，加兰就曾毫不迟疑地把他的想法向帝国元帅戈林和盘托出："戈林不愿明白，他的德国空军，这把光华闪烁而且至今一直是所向披靡的利剑，有可能在他手中锋刃俱损，"加兰写道："他认为这主要出于战斗精神不足和对最后胜利缺乏信心……我力图向他指出，'梅－109'机在进攻中性能较为优越，但是纯粹为了防御目的则不及'喷火'式飞机来得适宜，'喷火'式虽然慢些，但机动性能较佳。他拒不接受我的反对意见。我们德国战斗机飞行员听到了更多的严厉申斥。最后，他快要走了，态度也比较和蔼些了，他问我们各中队有什么要求……我毫不迟疑地说，我想为我们的机队要求配置一批'喷火'式飞机……我厚着脸皮提出这样唐突无礼的要求，使戈林哑口无言。他跺了跺脚，大发雷霆地走开了。"

9月17日，希特勒本人也承认，英国皇家空军"仍然丝毫未被击败"。他决定，入侵暂不实施，"以待后命"。

第二天，由于英国轰炸机司令部的空勤人员倾全力猛烈轰炸供入侵使用的驳船，元首又命令所有的驳船立即疏散。就这样，德国谋划已久的全面入侵英国的"海狮"行动，实际上已经泡汤了。

9月15日以后，德机空袭骤然转入低潮。不过情况还是相当可怕，令人怵目惊心。一夜又一夜，德机对伦敦和其他大城市，如伯明翰、利物浦、考文垂、布里斯托尔、南安普敦和加的夫等地进行狂轰滥炸。但是，这些轰炸再也没有达到9月15日那样的规模和强度。交战双方都竭尽全力，去赢得此次空战的胜利。

这是决定前途命运的殊死搏斗。

德军终于狼狈逃窜了！在这个具有特殊意义的日子之后，德国空军再也不敢与英国空军进行大规模的拼杀了，它再也损失不起了。丘吉尔激动地说：这一天是世界空战史上前所未有的、最为激烈的一天。

9月15日，是皇家空军取得决定性胜利的日子，也是奠定不列颠战役胜局的日子。为了纪念这一天，皇家空军决定，每年的9月15日为"不列颠战役日"。

在德军还沉浸在失利的沮丧之中时，英国皇家空军借胜利的余威发起了反击。9月16日和17日，英军持续猛烈地轰炸了准备发动入侵的德军舰停泊港，使德国海军遭到严重打击。海军将领纷纷向元首报告："在安特卫普，运输船队遭受重大损失，港内的5艘运输轮受到重伤，一艘驳船沉没，一列军火列车被炸毁，仓库多处着火。"在敦刻尔克，共有84艘德国大小驳船被击沉或受损。从瑟堡传来的消息更令希特勒沮丧：一座大型军火库被炸毁，一所大型军粮仓库被焚烧，多艘轮船和鱼雷艇被炸沉，人员伤亡惨重。有人甚至这样斗胆直截了当地对希特勒说："如果再下令继续集结登陆部队，还不如直接把我的士兵送到搅肉机里。"

英国空军如此快的复苏使德国惊恐不已。戈林看到，他的自负以及无能已使他在希特勒面前失宠，其他各军种也对他怨气冲天。为了尽可能减小损失，戈林下令：从10月1日开始，对伦敦的空袭改为夜间进行。

2日傍晚，由1,000多架飞机组成的德国庞大机群又起飞了，它要再次把死神带进伦敦。尽管英国空军全力起飞拦截，但效果不甚理想。英军对夜间城市防空还缺乏足够的经验，大批德国轰炸机成功地飞抵伦敦上空。顿时，整个城市响彻了空袭警报，灯火管制使街区陷入一片黑暗。探照灯光束像一把把锋利的宝剑在空中扫来扫去，为地面防空部队和战斗机搜寻目标。只见各种飞机时而俯冲，时而拉升，一股股冲天烟火随之而起，一架架飞机拖着浓浓的黑烟栽向大地，整个伦敦街区看上去好像正承受一场空前的大劫难。

德国空军的夜袭使英国防空陷入了很大的被动，至1941年2月，德军共出动飞机24,000余架次，被击落156架；而伦敦则遭受了惨重损失。附近其他城市也受到了不同程度的破坏，其中最为严重的是航空工业中心考文垂，德军向那里投了16,000余吨炸弹，整个城市几乎被毁，12家飞机零件工厂也遭到严重毁坏。

英国空军面对这种被动局面想出了各种办法：一方面，他们用飞机装载探照灯配合地面探照灯部队为战斗机照明，并在德机来袭方向大量施放阻拦气球；另一方面，以无线电干扰德国空军的夜间导航设备，破坏德机投弹命中率。他们还及时研制出了炮瞄雷达、战斗机夜航设备和机载雷达系统等一批全新武器装备。所有这些措施有效地遏制了纳粹空军的猖獗进犯，从而减小了伦敦的损失。

黑沉沉的夜幕成为德军轰炸机大发淫威的帮凶。一到夜晚，德国轰炸机就飞抵伦敦和英国其他城市上空。德军飞机在夜空中大摇大摆、肆意横行。前面的轰炸机将燃烧弹投向目标区，后面的轰炸机便寻着烈焰投下各种杀伤弹。在伦敦码头上，在拥挤的贫民窟，在首都的食品店，在这个世界上最大的城市之一，到处都是猛烈的炸弹爆炸声。燃烧弹使伦敦大街小巷变成了一片残垣断壁，玻璃碎片比比皆是。德国法西斯不久前在华沙和鹿特丹制造的恐怖，

▶ 被英军俘获的德军飞行员。

正展现在伦敦百姓的面前，人类正义又一次遭到摧残和蹂躏。

夜间轰炸还给伦敦市民带来了一种特有的恐怖感，人们难以忍受在防空洞内渡过空袭的夜晚，德国空军的夜袭使英国城市陷入了苦难。夜间空战给皇家空军带来了种种新的难题。尽管英国空军全力起飞拦截，但初期的效果不甚理想，皇家空军对夜间城市防空还缺乏足够的经验。当时英国皇家空军战斗机部队的 24 个中队中，只有 8 个战斗机中队可以用于夜间截击，其中 2 个"挑战者"式中队和 6 个"布伦海姆"式中队。这 2 种飞机的性能不佳，在白天对敌空战都不得力，更甭说用于夜战了。而部署在伦敦附近的高射炮和探照灯等防空武器数量严重不足，其中重型高射炮只有 92 门。当时，整个英军防空部队中，射高为 7,600 多米的重型高射炮兵连只有 32 个，而射高为 1,800 多米的轻型高射炮兵连只有 22 个，探照灯连仅有 14 个，光柱只能照到 3,600 多米高。这些防空武器的威力有限，远远不能满足偌大个城市的要求。更困难的是，一直在防空作战中发挥重大作用的"千里眼"雷达网，也爱莫能助。因为英国的雷达站主要部署在沿海地区，内陆地区基本没有。敌机在内陆上空的活动情报应该靠遍布各处的对空观察哨提供，可是在夜间，所有对空观察哨只能望着黑洞洞的夜空，无能为力。防空陷入了很大的被动。夜间轰炸使德军轰炸取得了成功，德军轰炸机损失也明显降低。10 月份被击落的仅为 325 架，远远低于 8 月份的 662 架和 9 月份的 582 架。但是，英国皇家空军很快地吸取了教训，并调整了部署，加强了兵力。特别是指挥防空炮队的派尔将军，迅速地把高射炮从各郡的城市抽了出来，伦敦的高射炮数目在 2 天内增加了 1 倍多。为了振奋人心，首相丘吉尔还特意命令把几门高射炮配置到市中心的海德公园内。在一些敌机可能窜入的重要地点上空例如泰晤士河口，升起了防空气球……此后伦敦防空进入了一个崭新的阶段。每当德军飞机入侵，顿时整个城市响彻了刺耳的空袭警报。灯火管制使街区顿时变成一片黑暗，整个城市隐蔽在夜幕里。突然，为地面防空高射炮和战斗机搜寻目标的探照灯光束，像一把把锋利的宝剑向天空射去，在空中扫来扫去。整个天空又变得如同白昼，甚至比白天更为光亮耀眼。德军飞行员根本看不清下面的目标。当探照灯照亮夜空时，展现在伦敦市民眼前的是另一幅空中搏斗的舞台。数百门高射炮轰隆隆地对空齐射，从四面八方带着火光和怒吼，在天空编织出一张张红光闪烁的罗网。尽管有时高射炮夜间射击效果不很明显，但是那种震耳欲聋的炮声使居民们大为满意。个个无不欢欣鼓舞，感到对德国鬼子还击了。随着炮手们射击技术的熟练和提高，德军入侵飞机被击落数量大大增加了。有时高射炮队暂停射击，让皇家空军战斗机冲上夜空截击敌机。只见皇家空军的各种飞机冲入被探照灯光柱死死"咬"住的敌机群里，时而俯冲，时而拉升，一股股雾化尾迹在夜空狂奔飞舞，还不时从空中传来咚咚的射击声。偶尔，被高射炮或战斗机击中的德军飞机顿时化作火球，伴

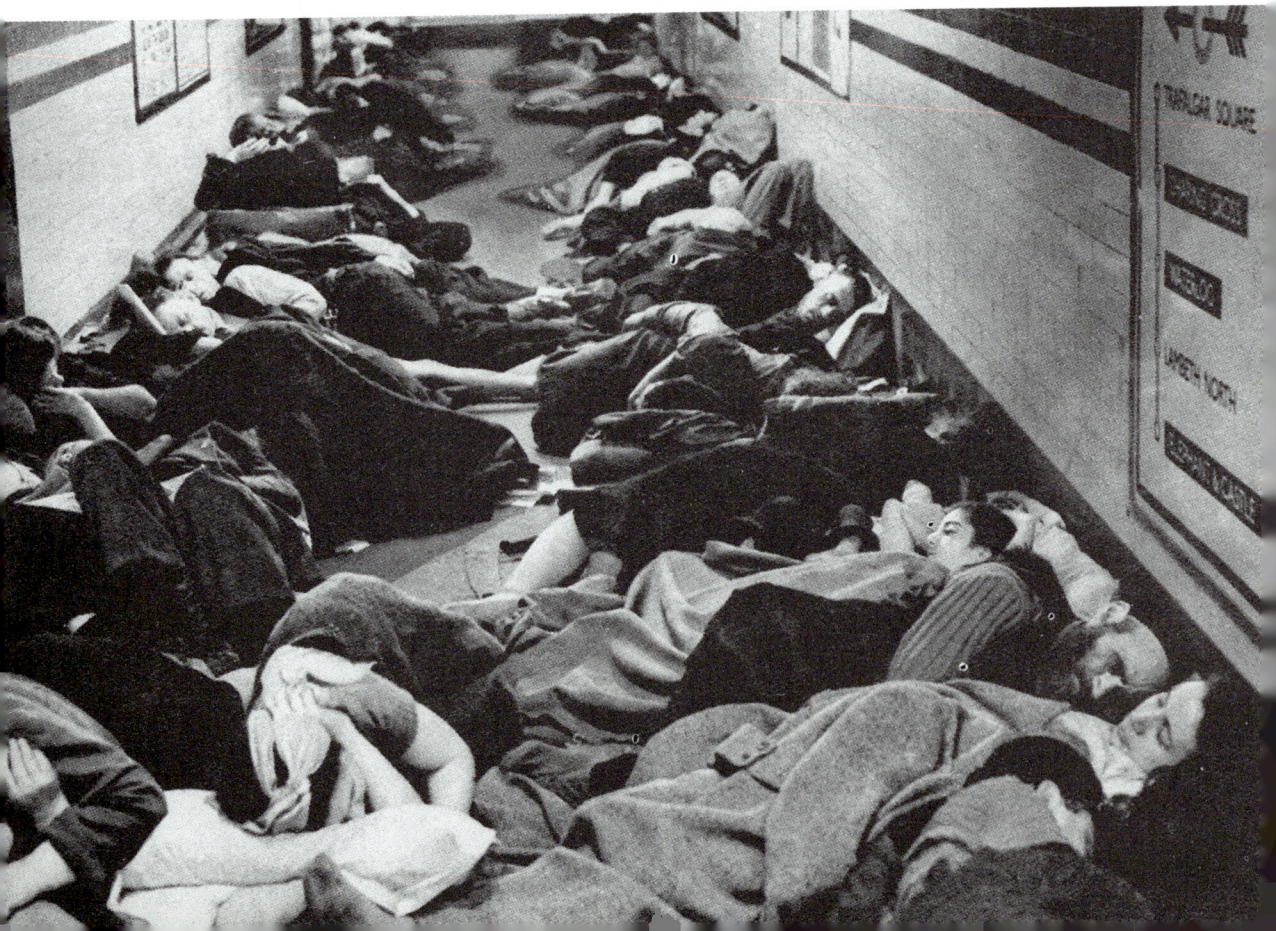

随着刺耳的尖叫声从天而坠，爆炸声和冲天硝烟随之而起，把大地震得微微颤抖。时而一架又一架飞机拖着浓浓的火光划破夜空栽向地面，跳伞的飞行员在空中若明若暗，飘然而下。伦敦市民真是备受鼓舞，欢呼雀跃。许多人情愿留在街上观战而不愿钻进防空洞……为了灭火，一个规模巨大、遍布整个伦敦的防火望哨和消防队很快成立起来了。最初，防火望哨都是志愿人员，可是需要的人数太多了，而且每一个伦敦人都有强烈愿望轮流担当这一工作。不久，防火望哨就成为义务性的了。这种工作对各个阶层都起着鼓舞激励作用。妇女们也争先恐后地要求参加。大家踊跃参加训练班，以便学会如何处理敌人的各种燃烧弹。人们虽然夜复一夜地冒着敌人的轰炸呆在望哨的房顶上，除了一顶钢盔几乎什么也没有，可是他们仍坚守岗位。如果附近有燃烧弹落下，在望哨的呐喊下，火势很快就会被扑灭。与此同时，在内政大臣莫时森先生倡导下，1,400个地方消防队合并成为全国1个消防总队。各地还建立了庞大的由居民组成的民间防空队，进行战时的消防救护工作。勇敢的伦敦妇女还成立了"妇女防空志愿队"。"未爆炸弹清除队"更是可歌可泣。德军空军为了加强轰炸效果，从9月开始使用了一种新的炸弹——延时炸弹。这种炸弹长2.4米，重约1吨，落地后并不马上爆炸，

◀在商场的通道里栖居避难的英国百姓。

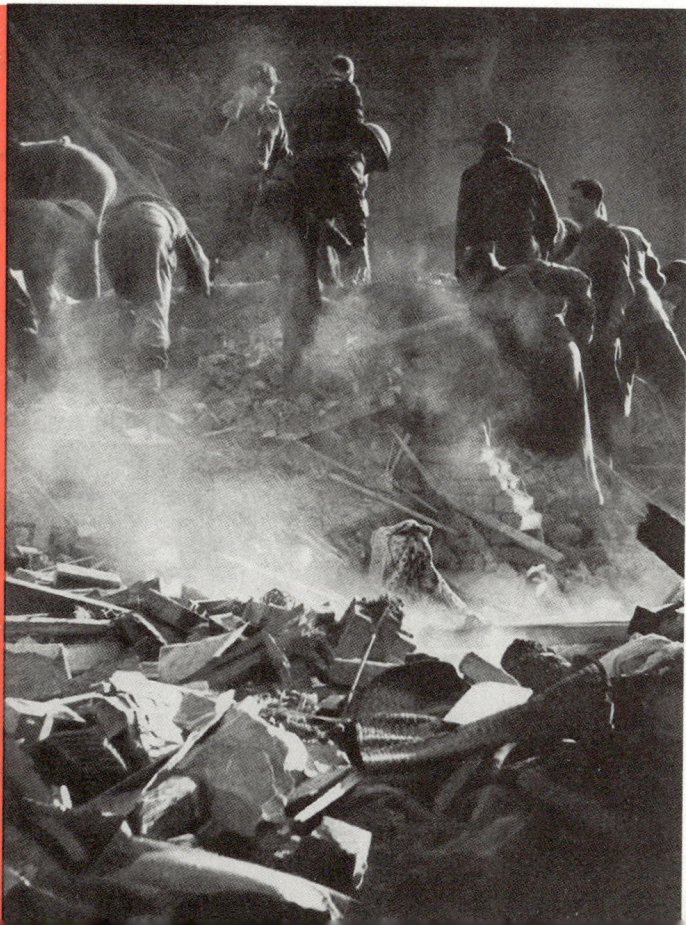

▶ 英军士兵正在废墟中寻找轰炸后的幸存者。

何时爆炸由弹上延时控制，长短不等。英国民防部门称它为 UXB，意为未爆炸弹。这种炸弹给城市生活制造了很多麻烦。人们当时还不能区分那些埋在土里的半截炸弹究竟是延时炸弹，还是不再能爆炸的普通臭弹。重要的交通枢纽，大段大段的铁路线，一条条的主要街道，常因此不得不一次次被迫中断；大片大片居民区、工厂不得不陷于瘫痪。为了对付这种延时炸弹，在丘吉尔的推动下，由金将军领导的英国皇家工程部队清除队诞生了。它的成员个个具有非凡的勇气，沉着冷静和坚忍不拔的品格。他们唯一的排弹工具就是一把卸下炸弹雷管的螺丝刀，一团从安全距离拉掉雷管的线和自己那双细心沉着的双手。"未爆炸弹清除队"的英勇事迹鼓舞着每一个伦敦市民。每当清除队涂有 BDS 的军车在大街上行驶时，居民们都情不自禁地向他们招手。消防警铃发出的尖叫声与队员们蔑视死神的果敢融为一体，令人肃然起敬。不久，每一个城市，每一个乡镇都成立了由民众志愿参加的清弹专业队或小组。他们有的经过了 20、30 甚至 40 次危险后就献出了生命，有的受伤致残。但是，其他的人们仍然一直活跃在清除炸弹的战场，从未畏惧。在德国空军狂轰滥炸英国各地时，英国皇家空军的轰炸机部队也奉命对德军实施空袭。

9 月 5 日，英国轻型轰炸机攻击了德国在法国的 2 个基地。9 月 7 日夜里，英国皇家空军的重型轰炸机首次对德准备发动入侵的港口发起了猛烈的攻击。皇家空军一个轰炸机飞行员战后写道："当时的情景真壮观，令人惊叹不已！法国加来的码头燃起冲天大火，布洛涅的滨水区成为一片火海，火舌在风中跳动狂舞着……整个法国海岸像筑起一道火的屏障，只是偶尔被炸弹密集爆炸的闪光和燃烧弹呼啸乱舞的曳光打断。"皇家空军对从勒阿佛尔到安特卫普，从安特卫普到布伦的整个沿海各个港口的攻击，使拥塞在那里的德国船只遭到很大的损失。在敦刻尔克击沉击损 84 艘驳船；在瑟堡到登－赫耳德，炸毁一座 500 吨的军火库，焚毁一所军粮仓库，炸沉许多轮船和鱼雷艇。从 9 月 7 日到 10 月 12 日希特勒宣布取消入侵为止，皇家空军共击沉击损德国运输舰 21 艘，驳船 214 艘，拖船 5 艘，汽艇 3 艘，这个数字约占德国入侵英国而集结的船只总数的 12%。一般人很难想象，对集结在有高射炮和探照灯把守的现代港口深处的德国驳船和其他船只进行轰炸有多难。皇家空军与其说是"摧毁"德国的侵英作战准备，不如说是"骚扰"更贴切一些。然而，它沉重打击了德国侵略者的嚣张气焰，使之对仅有一峡之隔的英国望而却步了。皇家空军对德军的空袭极大地鼓舞了英国民众，整个英国都为数量上处于劣势的皇家空军的尽心尽职而自豪和骄傲，特别是皇家空军攻击柏林和德国港口的消息，更使英国人民欣喜万分。德国空军轰炸英国时可以从法国等国基地起飞，距离大大缩短，而英国轰炸机飞抵柏林的距离是德国轰炸机飞抵伦敦的 5 倍，因而载弹量较少，况且遭到气候和防空炮火袭击的危险性更大。对柏林最猛烈的攻击是 9 月 23 日至 24 日，英国皇家空军轰炸机指挥部派出 119 架惠特尼、威林顿斯和汉普登斯式轰炸机袭击柏林。其中 84 架飞机抵达目标区域，唯一最成功的轰炸是在夏洛腾堡，燃烧弹炸燃了一个煤气储存罐。可是也有许多炸弹没有爆炸，包括一枚投到希特勒官邸花园里的炸弹，它把希特勒的卫队吓得魂飞魄散，可最终却是有惊无险。这次轰炸死亡 22 个德国人。

9 月 16 日，皇家空军的轰炸机空袭了正在进行大规模入侵演习的德国部队，使人员和登陆舰只遭受到惨重损失。运回柏林的被打死和烧伤的士兵整整装了 2 长列救护火车。结果，在德国以及欧洲大陆许多地方都流传开这样的消息：德国人确已试图登陆，但是被英国人打退了……在德军还沉浸在失利的沉闷之中时，英国皇家空军借胜利的余威发起了攻击。

9 月 15 日晚上，以及 16、17 日，皇家空军轰炸机队大规模持续轰炸了准备发动入侵的德军停泊港，使德国海军遭到严重打击。从布洛涅到安特卫普的各港口内的船舶，遭到了猛烈轰炸。安特卫普遭受的损失尤其严重。海军将领纷纷向元首报告所受损失。

9 月 17 日，希特勒不得不同意海军参谋部的意见，认为英国皇家空军仍然没有被打垮，德国空军并没掌握英伦三岛的制空权。纳粹统帅不情愿但只能再次推迟登陆行动。

戈林对这样的空袭行动也逐渐失去了兴趣；他将自己的指挥权暂时交给了加兰将军，自己则在法国游山玩水，收集名人字画和艺术品。戈林对艺术品的酷爱，到了近于疯狂的地步；到第二次世界大战结束时，沦入戈林之手的艺术品的价值已高达数亿美元。德军占领区的艺术品商人们称戈林为"那个来自柏林的强盗"。而戈林本人却厚颜无耻地宣称："我收藏的艺术品，都是用最合法的手段，最公平的价格获得的。"纳粹德国军备和战时生产部部长阿·施佩尔在自己的回忆录中写道："对戈林这位国家第二号人物掠夺艺术品的行为，希特勒常常怀有愤恨之情，但从来不敢当面责问他。"

No.3 德国的忧虑

德国空军 9 月 15 日受到的挫折，必然使他们对战役新阶段开始以来采用的战术方针产生了怀疑。9 月 7 日以后，德国空军已经损失飞机 200 余架，其中半数以上为轰炸机。英国方面认为，有许多德机之所以被击落，是因为直接护航的战斗机的数量不足。而德国战斗机的飞行员却持不同的看法。他们认为，对行动缓慢、载荷沉重而又飞得很高的轰炸机进行直接护航，是他们力所不逮的事。戈林曾经有一次问过德国空军第 26 轰炸机联队的联队长，怎样才能提高他获得成功的机会，回答是"我请求用'喷火'式飞机装备我们的战斗机部队"。为了同他们的保护对象齐驱并进，护航战斗机不得不采用蛇形航线，因而要时时远离轰炸机，丧失了某些行动上的自由权。当有人问戈林他本人对此项争论将如何裁决的时候，戈林表示同意轰炸机人员的意见。

9月16日和17日，恶劣天气使德机未能对伦敦实施昼间轰炸，而希特勒也正是在17日下达了无限期推迟"海狮"作战的命令。姑且不论究竟是什么原因促使他做出了这个决定，从表面上看，至少说明德国空军没有能够完成任务。从此以后，德军最高统帅部放弃了通过昼间轰炸以获取迅速胜利的希望，而恢复采用通过夜间轰炸和海上封锁的方法以削弱英国的抵抗能力的方针。

话虽如此，昼间空战并没有因此而宣告结束。直至10月份天气条件变坏以后，德国空军的活动强度开始大为降低。即使如此，每当天气条件较好时，仍继续对伦敦进行突击。在9月份的剩余日子里，每天都有轰炸机小编队突击伦敦，其中有几次对飞机工厂进行了大胆的突击。德国战斗机除了对较大的机群提供护航和掩护以外，还进行牵制性的游弋活动，有时还使用了战斗轰炸机。

同德国空军领导人的做法一样，帕克也在9月15日以后利用时间对过去几天来的经验教训加以回顾。经常出现的一个缺点就是，奉命去共同执行任务的两个中队未能汇合在一起，原因之一就是有时给他们规定的汇合点的距离太远，在取得汇合以前就与德机遭遇上了。有

▼ 大批的战机在美国的布法罗飞机制造厂下线，准备运往英国前线。

▶ 乐观的英国百姓在轰炸后的街上弹钢琴，以此鼓舞士气。

时，进行牵制性游弋活动的德国战斗机几乎把英国空军第11大队的全部兵力都吸引住了。有时，对由两个中队组成的编队的调动不妥善，使之极易成为担任高空掩护的德国战斗机实施俯冲攻击的有利目标。为此，帕克通知大队和防空分区的控制员，以后必须做出专门的安排，使用成对的"喷火"式战斗机中队去对付在高空飞行的德国战斗机，而且要注意两个中队的汇合地点，不使他们有可能在爬高过程中受到德机的俯冲攻击。在已知有高空飞行的德国战斗机正在接近的情况下，必须在防空机场附近部署足够数量的成对的"飓风"式中队，而在外围机场待命的其他中队则必须严密注意尚未发现的德国机群的动向。第11大队在战役的这个阶段取得的经验就是，战斗的胜利不仅取决于能够及早出动足够数量的中队，还取决于对留在地面的那些中队做好战备安排，以便在关键性时刻有战术预备队可以出动。

No.4 "月光奏鸣曲"

1940年11月14日，英国军需工业基地考文垂的居民结束了一天紧张的劳动，大部分在吃晚饭。天高云淡，月色如洗，是一个静谧的夜晚。但愿敌机不要来，睡一个平安觉。7时，空袭警报长鸣。还来不及躲避，法西斯德国飞机已经进入城市上空。

第一个目标——自来水厂。断了水，使你无法救人。继之袭击电厂、煤气厂、电话局、下水道和交通系统，使城市"血凝气绝"，一切陷于瘫痪。轰炸机一批又一批，如梭子织网，不放过城市任何一个角落。

凛冽的冬风将燃烧弹的火球刮向四面八方，全城陷入火海之中，消防车开到街上，橡皮轮胎马上给地面余烬烧熔了，空着铁轱辘爬行。市中心14世纪所建的圣马可教堂，这个英格兰引以自豪的艺术瑰宝，被燃烧弹击中了，持续烧到午夜，教堂圆顶轰然坍陷，拱门倒塌，只剩下了四壁残墙和一个钟塔。

从晚7时轮番轰炸到翌晨2时，共投下炸弹5万枚，其中燃烧弹3万枚，还有180枚由降落伞投下。德国飞行员在目击记中说，飞机飞离英国海岸（考文垂距岸180公里）时，还能看到考文垂的冲天火光，"这个城市肯定完蛋了"。

考文垂确实接近"死亡"，市中心夷为平地，工厂破坏三分之一，军工生产瘫痪，市民被炸死584人，炸伤865人。

由于考文垂还有生产能力，德国飞机又光顾了几次，到1941年4月的一次大轰炸为止，

▲ 英国民间志愿者组成的内陆监视哨，以及海岸线上的雷达监视设施构成了严密有效的防空体系。

地面设施基本摧毁，5万所房屋化为灰烬，市中心原有3千所房屋仅存30所，25万人的繁荣城市成了"死城"。考文垂是英国遭受轰炸最惨重的城市，考文垂在英文中成了"极度毁灭"的同义词。

英国首脑机关早已截获"月光奏鸣曲"的高度机密；后来还是让德国放手毁了考文垂。这是怎么一回事呢？

大战初期，德国研制出名为"超级机密"的无线电编码译码机，作为德国统帅部同团以上指挥所直接联系的绝密通信工具。因其可靠，希特勒总是用它直接下达重大作战计划。英国情报机关千方百计弄到了一部"超级机密"，通过它截获了许多机密。例如1940年9月6日，希特勒将对英国本土大轰炸，英国获知后采取最佳防空方案，以少数飞机分路拦截，打乱其阵势，使其空袭目标大部流产。同年7月2日德国要实施入侵英伦三岛的"海狮"计划，也因英国的事先防范而未得逞。

英国通过"超级机密"截获了德国这一情报。但是，如何应付这次空袭，英国人却面临

着两难的选择。一种方案是采取主动措施保卫考文垂，当时曾制订了一项代号为"冷冲"的行动计划，即动用一切可以调动的飞机，在一开始就挫败敌人的袭击。因为当时有足够的时间集中高射炮火、探照灯和烟幕防御设施，加强全城的救火和救护工作。用炮火和探照灯配合作战，至少可以迫使德国人在高空飞行或把他们驱离目标。然而，这样一来，就有可能使德国人怀疑自己的密码已被破译，英国人已经事先得到了空袭的警告。接着，德国人就会更换一种新的密码系统，而已被英国人掌握的"超级机密"也必将失去作用。因此，另一种方案就是让考文垂的防务措施保持原封不动，对空袭作出合乎常情的反应，也就是要忍痛割爱，用牺牲考文垂城来保住"超级机密"。

面对这种困难的抉择，只有丘吉尔首相有权做出决定。他经过反复权衡，认识到"超级机密"的安全比一个重要工业城市的安全更为重要，因为"超级机密"在未来的战役中肯定是有决定性意义的重要武器。为了全局利益，为了保证整个战争的胜利，只有牺牲考文垂来保住"超级机密"了，真是"弃卒保车"啊！

希特勒见"月光奏鸣曲"成功，更加宠信"超级机密"，一直使用到大战结束为止。此后，英军在北非战场的对德作战，盟军总反攻在诺曼底的登陆，都靠"超级机密"取得了尖端情报。

▲ 被英军飞机击中后坠毁的德机残骸。

第十章

技术优势真英雄

　　在 1940 年不列颠之战打响的时候，几乎没有人否认它是人类战争史上科技含量最高的一次战役。在当时，英德双方不仅掌握了世界最先进的航空技术和航海技术，而且还在战争中运用了雷达技术、电子对抗技术和密码破译技术等一系列先进技术，而恰恰是在这些先进技术领域，英国人走在了德国人的前头。

▲ 布雷奇利庄园：英国"超级机密"的大本营。

No.1 "超级机密"

在描写二次世界大战欧洲战事的文章里，往往可以看到"超级机密"的词语，有关它的话题常常是躲躲闪闪，隐约其词，甚至自相矛盾。例如，有人讲，英国当时拥有一种名叫"巨象"的秘密武器，专门用来对付德军的一种"谜"。还有人说，这头"巨象"的真名叫"巨人"，德军的"谜"名曰"爱尼格玛"，是一种军用密码机。连严肃的史学家们也得不到多少真实的资料，英国学者温德博瑟写了本《超级机密》，法国专家贝特兰德出版的专著名曰《爱尼格玛——1939 年到 1945 年这场战争里最大的谜》，当美国军事史学家多伊奇觉得这些书尚不足以披露真情时，曾于 1970 年只身闯进英国外交部，也只拿到了一纸空文，明明白白地写着："文件到了 2015 年才能解密"。

人们猜测，"巨人"或许就是一台最早的电子计算机。然而，它是英国的超级机密，英国情报部门甚至规定，在机密使命结束后 30 年内，任何人不得走露丝毫消息，否则将以危害国家安全罪论处。于是，史学家们只得写下许多可能涉及到"巨人"的战争故事，这里不妨选取其中的一例。

公元 1940 年，当德军铁流突破法国马奇诺防线，英国远征军敦刻尔克大撤退后，希特勒下令着手实施入侵英伦三岛的"海狮"行动，要求德国空军首先全歼英国皇家空军。在德国空军司令戈林看来，英军的飞机只剩下不到 700 架，而他仅轰炸机就有 1,200 架，加上攻击机强击机，德军飞机数量至少 3 倍于英军，而且飞行员大多是训练有素的"秃鹰军团"成员，英国佬肯定不是他们的对手。

"鹰日"战斗打响了。德国轰炸机乱哄哄升空，气势汹汹扑向英吉利海峡，攻击机偷偷跟进，准备袭击英军飞机。然而，狡猾的英国佬似乎总是事先就知道德军的行动，躲在半道上出其不意地发起攻击，德军损失惨重。9 月 15 日，总攻打响，戈林让前线的飞机倾巢而出袭击伦敦，1,100 架"蝗虫"遮天蔽日，还未飞出海峡，又遇英军截击，残酷的空战进行了整整一天，戈林的"秃鹰"遭到毁灭性的打击。两天后，希特勒只得决定无限期推迟"海狮"行动，处于劣势的英国军队一举扭转了败局。

在这次"海狮"行动中，对战局了如指掌的，不是戈林而是英国空军司令道丁。道丁上将手里真的拽着一张"王牌"，那就是布雷奇利庄园的"超级机密"。

1940 年 8 月 18 日，天气转晴，是个有利于空袭的日子。

一大早，皇家空军战斗机指挥部的中心监测室就做好了对付德军来袭的准备。

果然不出所料。不一会儿，监测室就开始忙碌起来，"皇家空军妇女后援队"的成员根据海岸雷达站的报告，在大地图上及时移动飞机的标记。接着，在山顶、教堂塔楼等高地对空监视哨和皇家空军发现德机的报告也都频频传来。

德国机群从法国升空并开始爬坡。道丁上将和他的指挥人员注视着那张大地图，暗暗思忖着皇家空军的战斗部署。

其实，德国空军的飞机还没起飞，道丁上将就从德国人的密码电报中知道他们参战飞机的数量及其攻击目标了。道丁的情报从哪里来的呢？这是英国的"超级机密"。

在伦敦郊外的一片绿树丛中，有一个神奇的庄园——布雷奇利庄园。它是一幢维多利亚式建筑，优美的造型令人叹为观止。十分奇怪的是，在这座拔地而起、装饰华丽的大厦周围，还有不少小窝棚，看上去有些不协调。这究竟是一个什么地方呢？

原来，这是英国密码破译机构的所在地。那些小窝棚是因为破译工作量增大，庄园的房间容纳不下那么多人员和设备而仓促盖起来的。

在这片不起眼的居住区中，聚集了众多的杰出人才。他们之中有的是数学家和语言学家，有的是国际象棋大师和方格字迹填写专家，也有的是电气工程师和无线电专家，更有银行职员和博物馆馆长。

这里是一个充满神秘色彩的地方，除了在这里工作的人员以外，只有英国国家首脑人物

◀ "埃尼格马"密码机，在破获德军情报的行动中发挥了重要作用。

▶ 丘吉尔正在视察海军舰队。

和最上层的情报官员才能到这里来。至于其他的人，无论职务多高，一律"谢绝入内"。

这里的工作人员任务只有一个，就是利用一种先进的机器，破译德军发出的密码电报。后来，从这里发出的情报全部使用一个代号——"超级机密"。"超级机密"便是来自布雷奇利的情报。

正是这个布雷奇利庄园的"超级机密"，使皇家空军在不列颠战役中大大受益，以致有人把"超级机密"视为英国看不见的"王牌战机"。

"超级机密"究竟是怎么回事呢？这要从大战开始的数年前纳粹使用的一种特殊密码说起。

纳粹在获取德国政权后，使用了一种不同于当时所有国家使用的新的军事密码，这种密码不是由数学家设计的、可以被其他数学家破译的密码，而是由一台机器编制的。这台机器被恰如其分地称作"谜"（译音为"埃尼格马"）。

1938 年 6 月，英国情报 6 处的副处长孟席斯上校接到了他在东欧的一名特工人员吉布森少校的报告：一名拒绝说出其真实姓名的波兰犹太人通过英国驻华沙使馆同吉布森接触，声称他曾在德国首都柏林制造"埃尼格马"机器的秘密工厂当过技术员和理论工程师。后来因为他是犹太人，被驱逐出德国。现在，他提出可以凭记忆为英国制造一部最新式的军用"埃尼格马"密码机，他要求的报酬是：1 万英镑，给他及其亲属发英国护照，并允许他们在法国居住。

　　孟席斯上校接到这个情报后，向英国情报当局做了报告。后来经过1个月的调查和甄别，认为这个犹太人的话是可信的，因此决定答应他的条件。

　　这个犹太人被秘密转送到法国。英国情报人员为其安排了一个十分秘密的居住地点，并为他的复制密码机的工作提供了必要的条件。那人根据记忆，不久就复制出一台"埃尼格马"密码机。用英国密码分析雇员的话来说："那是一部完美的密码机，是仿制工程的一个奇迹"。

　　仿制出来的"埃尼格马"密码机看上去很像一台老式办公用打字机。它的前部有一个普通的键盘，但在上端真正打字机的字键敲打的地方，则是闪现微光的另一个字母的扁平面。当操纵者触动键盘上的某个键时，譬如字母"A"，另一个不同的字母，譬如"P"便闪现在机器上端。操作时，密码员按动字母"A"键，电路沿弯曲的复杂线路一连穿过4个转子，然后撞击反射器，再沿不同的线路返回穿过转子线路，机器上便闪现出"P"字母。转子线路异常复杂，当时有相当水平的技术人员也无法对之进行分析。此外，一个、几个或所有的转子可随时变换，电子线路也随之完全改变。机器前部还有一组插头，也可随意变换，以此再次改变各条线路。而改变转子或线路，就意味着产生一组组新的编码。

　　按照这种方法译成密码的电文，发给拥有同样一台机器的电报员后，对方把机器的转子和插头调到像"发送"机器一样的位置，他只要打出密码，上述发报过程即可颠倒过来，即按下键盘上的字母"P"，机器上部就可闪出原来的字母"A"，从而准确地还原电文。

"埃尼格马"密码机是德军情报人员的骄傲。德军最高统帅部通信总长费尔吉贝尔上校说："这种密码机是绝对可靠的。由于使用时只需调节一下转子和插头，机器瞬间就可产生无数不同的密码，即使被敌方缴获，也无关紧要。"

对于破译人员来说，因为机器编码复杂，如果没有"埃尼格马"密码机，即使最出色的数学家也需进行很长时间研究才能破译。对于瞬息万变的战场来说，这种过时的情报价值已大打折扣了。

同时，"埃尼格马"密码机的调节程序十分复杂，并且经常变化。如果不了解变化无穷的调节程序，就是拿到机器也毫无用处。

犹太人仿制的密码机，帮了英国人的大忙。然而好景不长，仅仅一年以后，即到了1939年夏季，德国人又制造了更加先进和复杂的密码机。这样，英国的情报人员又不得不想尽一切办法破解新的谜团。

正当英国情报人员受到德国新密码机的困扰时，波兰军事情报部门出于战略上的考虑，将他们数年工作的破译成果，以及仿制的样机转让给了英军情报部门。为了对付来自德国的威胁，波兰情报部门很早就开始对纳粹密码机的研究工作了，他们所取得的成果超过了英国。波兰人转让给英国的除了有"埃尼格马"样机外，还有可以确定密钥设置、解开其密码的"博姆"机。

波兰的"埃尼格马"样机和"博姆"机的图纸抵达英国不到一星期，德国军队便开过了波兰边界。消息传到布雷奇利庄园，专家们默默无言。英国的情报专家诺克斯缓步走到窗前向外凝视着，他的双眼湿润，喃喃自语道："波兰，就像一名武士倒下之前，将自己的利剑递给盟友，了不起啊！"

英国情报人员在富于创造性的波兰人奠定的基础之上，向德国情报机构的机密发起了最后冲刺。由于两个关键人物的出色表现，加快了解开纳粹谜团的步伐。这两个人一个是诺克斯，另一个是图林。

诺克斯是一个又高又瘦的中年人，戴着一副高度近视眼镜。他父亲是曼彻斯特的主教，两个哥哥一个是罗马天主教高级教士，另一个是《笨拙》周刊的编辑。诺克斯本人是个数学家。第一次世界大战中，他进入英国海军部密码分析局，同其他学者一道，成功地破译了几乎所有的德国当时的外交和军事密码。其中，德国的三个字母的海军旗语密码，也是他在一次洗澡时灵感偶发而破译的。第一次世界大战后，他留在了由英国外交部政府密码学校控制的密码分析局。几乎所有的英国密码破译人员都认为，诺克斯是世界上第一流的密码专家，是少见的密码破译奇才。

▲ 英国消防员和民众从废墟中抬出遇难者。

图林是诺克斯的助手，是一位身材矮胖结实的年轻人。图林毕业于英国剑桥大学，他在上学时所表现出来的数学天才，令校长和数学系的师生们十分惊叹。这个奇怪的年轻人经常有许多奇妙的设想和构思。他进入英国政府的密码学校后，专门从事这方面机械的研制工作。在这里，他的天才得到了充分发挥。

经过诺克斯和图林的共同努力，一部"万能机器"研制成功了。这部两米多高，外形像一个老式钥匙孔的机器，实际上是一部最早的机械式数据处理机。使用它可以把"埃尼格马"密码解密。随着越来越多的数据的输入和使用人员经验的积累，使用这种机器解密的效率越来越高。

1940年5月的一天，天空明净，阳光明媚。在大选中刚刚获胜不久的丘吉尔正在他的办公室忙碌着。这时，已经提升为情报6处处长的孟席斯走到首相的办公桌前，向他递交了一张纸条。

丘吉尔接过纸条扫了一眼，只见上边写着有关德国空军人员的调动和驻丹麦德军的补给分配等详情。这份情报价值不大，丘吉尔看后随手将它放到桌上。

但是，当首相抬起头来看到站在他面前的孟席斯时，突然意识到了什么。他重新拿起情报仔细看着，抬头问道：

"是它？'超级机密'？"

孟席斯微笑着站在那里，他什么话也没说。其实已无需回答什么了，他那一脸掩饰不住的喜悦早已说明了一切！

这小小几张纸片的意义非同寻常，它们正是布雷奇利经过几年努力破译的第一批"埃尼格马"密码情报。

从这一天起，"超级机密"成为丘吉尔及盟国在整个第二次世界大战中的一张王牌。战争期间，丘吉尔无论在什么地方，都要求随时将最新的"超级机密"传送给他。

"超级机密"问世之时，也正是不列颠之战激烈进行之时。这次战役为它提供了施展威力的大舞台。

当时，正在英格兰上空与德军奋战的皇家空军并不知道，"超级机密"就像一只无形的巨大手臂支撑着他们。常常是戈林刚刚下达命令，布雷奇利便立刻截获并将其解密，传到道丁的战斗机指挥部。这样，在德国战机从法国基地起飞之前，英国空军指挥官就可以知道起飞飞机的数量和要轰炸的目标，从而有针对性地采取相应的防御措施。

1940年9月15日，布雷奇利再次破获德军企图在当日白天大规模轰炸伦敦的情报。丘吉尔正是看到这份情报后，对伦敦的防御放心不下，才亲自到第11航空大队指挥部观战的。也正是根据这份情报，皇家空军调集优势力量，进行充分准备，才获得了"不列颠战役日"的大胜。战后有人说，英国是在"超级机密"的帮助下，实现了不列颠之战的这一重大转折，导致希特勒放弃了"海狮"计划。

在整个第二次世界大战期间，"超级机密"是英国一个最机密、最重要、最可靠的情报来源。为了保住这一情报渠道的安全，英国情报部门从一开始就采取了一系列极其严格的保密措施。布雷奇利庄园是绝对机密的地方，除了战时内阁和军方少数几个决策人物外，无人了解其中的内幕。战时内阁明确规定，"超级机密"情报只能口头向英军作战的指挥员传达，不得以任何文字方式出现在战场上，以防止德军缴获"超级机密"文件。除少数几个高级将领外，其他指挥官都不知道战争情报的来源，他们只是知道这是绝对可靠的情报。

为了防止德军可能从英国对抗措施的有效程度上推断其密码已被破译，所有"超级机密"情报都伪装成来自其他渠道，如间谍、德国的叛徒、缴获的德军文件、纳粹人员的疏忽失密等。

在布雷奇利庄园的数百名专家，是当之无愧的无名英雄。他们当中几乎没有职业军人，对军衔、职称和权力也很陌生。但是，他们凭着满腔的爱国热情，凭着对纳粹暴行的痛恨和对事业的献身精神，不仅在战时，甚至在战后30年中也未曾泄露一丝一毫有关"超级机密"的内幕。正如首相丘吉尔称赞的，他们是"下金蛋的鹅，从不咯咯地叫"。直到英国政府宣布"超级机密"保密期结束，他们才和人们讲起自己当年的事情。

No.2　不倒的伦敦人

从9月7日德军开始轰炸伦敦以来，伦敦城每天夜里都要受到德军轰炸机大编队的空袭，每天出动的飞机架数多在百架以上。

连日的轰炸给伦敦带来了巨大灾难，有时，一夜之间就有一二万人因房屋被炸或烧毁，变成无家可归的人。有时，住着许多肢残臂断的伤员的医院突然遭到德军的轰炸，无力逃生的伤员只得置身烈火之中。供水、供电、交通系统经常被炸得瘫痪，给居民的生活带来了极大困难。

在遭到轰炸最严重的东区，状况最为恶劣。

伦敦西区是轰炸较轻的地区。在那里，人们照样工作、娱乐、吃饭和睡觉；剧场里经常客满，熄灭了灯光的街道到处是三三两两的人群。同巴黎的失败主义分子在他们5月间一遭到严重的空袭就怕得要死，喊叫连天的情况相比，西区伦敦人的表现显得勇敢、坚强。

在空袭最激烈的第一周的夜里，由于英国防空火力很弱，无法对付敌人的狂轰滥炸，居民们只得呆在家里或简陋的防空洞里。但一到白天，他们仍然用各种巧妙的办法去工作单位。伦敦都能看到这种招牌："照常营业"。谁都知道，为了更有力地抗击纳粹德国，工厂是无论如何不能停工的。

经过多日轰炸，伦敦变成了一个满目疮痍的城市，到处都弥漫着一种刺鼻的焦煳味。不同的社会实践能够培养出不同的人才，战争也是如此，对伦敦的轰炸也造就了一类新的人才，即"嗅人者"。这些"嗅人者"能够通过气味判断某座建筑下面是否埋着受害者以及此人是死还是活。一旦德国空军炸毁了人口稠密的地区，救援队就马上开始挖废墟里被埋的幸存者。他们不时地停下来听听下面有什么动静。如果什么动静也没有，就请"嗅人者"来帮忙。这些"嗅人者"像经过专门训练的警犬一样，在瓦砾中闻着气味，全然不顾煤气、废水和烟雾的呛人味道。"嗅人者"能够闻到哪里有人血，而且能闻出这些血是凝固的还是流动的。有时他们会说："别费劲了，血不流了，是死的。"有时则说："下面的血是新鲜的，还在流。"这时救援人员就会接着挖下去，结果总能挖出还活着的受害者。

德国空军在轰炸中使用了一种降落伞雷，它脱胎于德国海军在战争初期用来对付盟军船只的磁性雷，它有 2 米多长，直径为 0.7 米，内部装满了烈性炸药，重达两吨半，由一个降落伞从高空静悄悄地慢慢送下来。当它爆炸时，方圆 1 公里之内的整个地区都能感到它的威力。

在伦敦西区的波特兰，一只降落伞雷炸掉了英国广播公司大厦的整个一边侧翼，摧毁了一家旅店，并使周围的地区受到了破坏。这种雷还炸毁了英国首都其他的广大地区。其中有一些雷没有爆炸，这样英国人就要面对将它们的雷管拆除的这种技术上的可怕挑战。

起初，只有少数海军方面的人进行这项工作，他们都是在海上对付磁性雷的专家。后来，随着德军使用这种武器的增多，一个迅速受过训练的小型专家团组成了，由他们负责排雷这项令人毛骨悚然的任务。

这些技术专家两个人一组工作，当一个人拆雷时，另一个人则把耳朵贴在雷上精心地听着。据排雷专家说："对付这种雷最重要的一点是要一直听仔细了，如果听到'嗞嗞'的声音，就要拼命跑开，此时顶多只有 15 秒钟的时间，磁性雷就会爆炸。"

使这项工作雪上加霜的是，未爆炸的磁性雷并不是全部落到地上或废墟里。有一颗雷的降落伞被可怕地挂在了伦敦东区最大的煤气储存罐上，在拆除这只雷时它还在风中晃来晃去；还有一颗落在了横跨泰晤士河的亨格福德大桥的电气火车线路上，虽然电气火车铁路把它吸到了铁轨上，但它仍未爆炸。更为严重的是，德国人还在这些雷里装上了饵雷，即在主雷管下面放上了一只连锁雷管，如果排主雷管的人不是最熟练最懂行的人，那根连锁雷管就会引爆。

但是，无论困难有多大，排雷专家们都以他们的智慧和勇气将大多数雷一一排除。当然，伤亡的事情也经常发生。

一夜连一夜的如雨般轰炸，再加上那些新式的致命武器，使绝大多数市民的生活增添了很多感情色彩。一个叫做"大众研究"的研究机构专门调查公众舆论，它让它的成员每周交一份有关他们自己以及邻居的感受、对话和活动的报告。绝大多数人说他们害怕那些噪音，害怕被炸弹炸死。但令人吃惊的是，大多数人又说他们不怕死，如果是一下子直接被打死。还有一些喜欢在空袭时逛大街的人，飞机的隆隆声、炸弹的爆炸声、高射炮的轰击声能使他们感到刺激。伦敦人莫尔说："这是一个美妙的时刻。你可以看到大火和炸弹在建筑物上炸出裂口，还有变形的电车轨道和头顶上乱作一团的电线。我觉得这些让人兴奋不已，而我则在不知疲倦地画草图。"

▼ 丘吉尔在普利茅斯遭到严重空袭后前去视察，民众向其挥手致意。

丘吉尔也是一位爱在炸弹开始落下来时走出白厅的地下防空洞到大街上来的人。为了首相的安全，身边的人试图阻止他这样做。丘吉尔的侍从把丘吉尔的鞋子藏了起来，想以此阻止他外出。但是每次丘吉尔总是十分生气地命令他把鞋交出来。

"我要让你知道，"丘吉尔喊声如雷："从我小时候起，当我想去格林公园散步时，我的保姆就从来没能阻止过我。而现在我是大人，希特勒也别想阻止我。"

伦敦的夜晚，灯光还是光明的；

繁忙的街道上，公共汽车和地铁仍在穿梭行驶；

秋日的公园里，仍然是草青树绿、百花怒放；

特拉法加广场上，军乐队仍在举行音乐会。

一个风和日丽的下午，丘吉尔正在他的办公室阅读战斗机指挥部刚刚送来的战报，忽然听见泰晤士河对岸的伦敦南区发出了巨大的爆炸声，他立即驱车前往察看。自从德军空袭伦敦以来，丘吉尔常常到被炸的地方察看情况，安抚市民。

来到现场后，丘吉尔看到，一颗重型炸弹炸毁了一大片住宅，在瓦砾堆中，已经插起了许多小小的英国国旗，每面国旗都代表着一个不屈的伦敦人的生命。这国旗是民族精神的象征，是战争胜利的希望。

看到首相来了，居民们从四面八方跑来，团聚在丘吉尔身边，用各种方式表示对战时政府的拥护和奋斗到底的决心。

丘吉尔流泪了，他很少流泪！这不是悲哀的眼泪，而是赞叹和钦佩的眼泪！有了这样的人民，没有克服不了的困难！

丘吉尔在群众簇拥下，进入被炸毁的居民区巡视。他来到一个巨大弹坑边缘翘立着的简陋家庭防空掩体前，住在这里的主人迎了出来。一个年轻男子，他的妻子和3个孩子站在被炸歪的防空掩体的入口处。丘吉尔看到，他们虽然没有受伤，但受到了惊吓。丘吉尔还看到，不远处的一家小饭店被炸成了一堆瓦砾，饭店的主人和他的妻子满面泪痕。

看到这番情景，丘吉尔心里很不好受。这些居民的家在哪里呢？他们以后怎么生活呢？

一回到办公室，丘吉尔便紧急召见财政大臣，与他商量后，拿出了一项提交议会讨论的方案：凡因敌人轰炸而造成的一切损失应由国家负担，由政府立即全部赔偿。

一周之后，政府制定了一个战争保险方案。这个方案对动员全民抗击德军的空袭起了重要作用。

就是在德军轰炸最猛烈的时刻，英国政府与议会仍然留在伦敦。市政厅被毁于大火和炸弹，英国政府所在地白厅屡遭敌机轰炸，白厅周围的政府建筑物一再被击中，有的燃起了大火，有的倒塌。政府各部门就在防空洞、地下掩蔽部、附近的建筑物里办公。

有一颗炸弹击中了白金汉宫，国王乔治六世、王后以及他们的两个小公主当时正住在那里，炸弹在场院爆炸，皇家成员死里逃生。当丘吉尔知道这个消息后指示说："立刻把这条消息传出去！让伦敦的穷人知道他们并不孤单，国王和王后正在和他们一起共患难！"

所有的这一切都有力地鼓舞了伦敦人民的斗志！

当然，并不是人人都是勇敢的。有些人真的被空袭吓住了，但即使这样他们依然不愿逃离这座城市，不愿放弃自己的责任。他们留在那里工作着、忍受着。物理学家兼作家的 C·P·斯诺后来承认："当炸弹开始落在伦敦时，我发现自己没有一般人那么勇敢。这个发现使我感到羞愧。我只能表面上装装样子，但我害怕夜晚的到来。我很羡慕那么多勇敢的市民，例如我的房东太太，她是一个没有什么美德的邋遢女人，但她却勇如雄狮。办公室的同事们也是如此，还有我在小酒馆里遇到的那些人以及我的绝大部分朋友。这使我更难受了。"

12月29日，德国空军似乎要强调一下他们在新年里也不会放松对英国的压力。于是，他们对伦敦发动了一次最猛烈最成功的袭击。

德军轰炸机这次集中进攻的目标是伦敦市中心。在这个首都古老的心脏地区，有许多古代教堂，还有英国银行这种著名景点。

这是一个安静的周日夜晚，又是在圣诞节期间。德军的进攻正好选择在英军防守空虚的时候。

总共有244架德国轰炸机扔下了雨点般的燃烧弹。木质结构的屋顶顿时着了火，熊熊燃烧的残梁断柱东倒西歪地垮在了那些狭窄弯曲的街道上。

救火车很快就开过来了，但是火势蔓延的速度太快了，要扑灭它需要大量的水。而那年秋季本来就干旱少雨，泰晤士河的水位太低，救火车很快就抽干了岸边的河水，流出来的只是一些稀稀拉拉的泥汤。

成百幢易遭破坏的建筑和教堂被化为灰烬。

在市中心所有的礼拜堂中，只有圣保罗教堂较为完整地保存了下来。

这是古老的伦敦市中心在历史上第二次被一场大火烧毁。第一次是在200多年前的1666年。

对于由于疏忽大意而带来的损失，丘吉尔十分生气。12月30日，丘吉尔召集内阁紧急会议，他在会议上气冲冲地喊道："这种事情决不能重演！"

对于首都最受人喜欢的地区被毁，同样也使英国人民怒火满腔。一位妇女在日记中写道："这太可怕了，只是由于人们对明摆在眼前的危险疏忽大意，就造成了上千万英镑的重大损失，使成百上千名勇敢的人们去冒险，直至牺牲……难道我们是一个白痴的国度吗？"

英国人是带着伦敦市中心仍在燃烧着的废墟迎接新年的。

但是，现在他们更多的是感到愤怒，而不是惊恐和怨恨。在战争结束之前，还会有更多的炸弹，还会有更多的对勇气和韧性的考验。然而，英国人民已经万众一心了。就像丘吉尔所讲的那样：

"那是英国人、尤其是地灵人杰的伦敦人最为光彩的时候。无论是不苟言笑还是快活开朗的人，也无论是固执呆板还是善于变通的人，他们都以一种不屈的民族骨气，适应了那种陌生的充满恐怖、充满动荡的新生活。"

No.3　最后的轰炸

进入 1941 年后，老天爷似乎有意在帮助英国人。在 1 月份的绝大部分时间里，伦敦的上空布满着乌云，轰炸无法进行，因此德军不得不大大减少轰炸的次数。

轰炸间隔的不断延长，使英国人有了喘息的机会。但由于几个月来的空中封锁，伦敦的供应每况愈下。黄油、食用油、肉类、鸡蛋和茶叶都要严格按配额供应。供应给一般家庭的肉只够每周吃一次。茶叶的短缺尤为严重。除了这些东西之外，大多数英国人极想吃到水果或罐头食品，因为这可以使他们定额能买到的油腻食物中多一点花样。伦敦有一位从事社会福利工作的妇女在日记中写道："我太想吃水果了，可一点也买不到，我出去时下定了决心，如果必要的话，苹果一先令一镑也要买下来，但是令我感到可怕的是，在诺丁山的商店里无论什么价格，一个苹果也没有。一个个橱窗里似乎全都是萝卜……我的朋友布克先生一生讨厌洋葱，但他现在却说，如果我们还能再吃到洋葱的话，他会大吃一顿的。我看等到战争结束，我们都会抢着猛吃洋葱。"

一般市民已有好几个月没有见到橘子和香蕉了。汉普斯特德一位有钱的妇女开了一天车回家后，看见了女仆买完东西后留下的字条："亲爱的夫人，没有蜂蜜，没有淡色葡萄干、无核葡萄干或紫色葡萄干，没有什锦水果、没有糖或糖精，没有实心面，没有洋苏叶，没有鲜鱼、鳟鱼和西鲱（熏制和不熏的都没有），没有火柴，没有引火木，没有肥肉和油，没有芹菜或番茄汁罐头，也没有大马哈鱼罐头。我几乎什么也没有买到。"

不仅生活物资供应困难，而且各种生活服务设施遭到很大破坏，没有供暖，供电经常中断，夜间还要实行灯火管制，到处是断壁残垣和堆积如山的垃圾。如此日复一日、月复一月的艰苦生活，使英国人开始厌倦了。一位妇女写道："我们生活在垃圾城，大家的脾气都很大。我简直怀念起那些猛烈的空袭了。"

这种厌倦战争的情绪是十分危险的，它很容易导致战斗意志的松懈。丘吉尔及时地察觉到了这一点。怎么来改变人们的这种情绪呢？

丘吉尔认为，英国人目前所需要的不是鼓励，也不是抚慰，而是严重的敌情刺激，是给英国人猛击一拳。

于是，2月9日，丘吉尔向全国发表广播讲话，他警告说，希特勒终于又在计划入侵英国了，他将在很短的时间内发动入侵。丘吉尔危言耸听地说，与去年秋季的进攻相比，"目前的这次入侵将有更精良的登陆装备和其他设施做后盾。

"我们必须做好一切准备，常备不懈地用我们熟练的本领对付毒气进攻、伞兵进攻和滑翔机进攻……为了赢得这场战争，希特勒必然会运用一切手段摧毁英国，每一个英国人都要充分认识到这一点，万万不可松懈斗志。"

实际上，丘吉尔自己也知道，他对他的人民所说的完全是一派胡言。他通过"超级机密"和其他情报渠道，清楚地知道希特勒已放弃了从海上入侵英国的念头。他所以要重提入侵的威胁，只是想以此给正在垮掉的英国人打打气。

事实上，丘吉尔的担心是不必要的。因为在海峡的另一边，戈林和他的将领们正在计划

▼ 伦敦街道上的汽车成了一堆废铁。

着新的空中进攻行动。

1941 年 2 月，帝国元帅戈林带了一大批随行人员抵达巴黎，目的是与凯塞林和斯比埃尔这两位陆军元帅讨论今后对英国空战的方案。

在一种既招摇过市，又警戒森严的气氛中，会议在法国外交部所在地具有历史意义的钟表大厅内举行。

戈林像往常一样，认为德国空军没有取得完全成功，对这一点表示不满，并且用极为激烈的言词训斥了空军两个军团的指挥官和士兵。

两位陆军元帅怀着对戈林的应有尊敬，试图反驳这些指责，并力图使空军总司令相信战斗之激烈，以及交给他们军团的任务之艰巨。而戈林对他们的申辩却丝毫听不进去。

在火气平息之后，他们共同制订了新的轰炸计划。

猛烈的空袭又开始了。这次德国轰炸机的重点是要切断英国生死攸关的海上供给线。在 3 月中旬连续两个晚上的空袭中，位于克莱德河岸格拉斯哥下游的造船城市克莱德班克被炸弹夷为平地。这个市的 1.2 万幢房屋除了 7 幢之外全部被毁，居民不得不逃往附近的沼泽地。布里斯托尔、加的夫、朴次茅斯和南安普敦都遭到反复袭击。而另一个港口城市普利茅斯所遭受的袭击次数之多、程度之猛烈大大超过以往，结果许多房屋都不止被炸过一次。

3 月 19 日，伦敦遭到了损失极为严重的一次袭击，一共有 750 名市民丧生。炸弹像雨点一样落在赫尔、纽卡斯尔、贝尔法斯特、利物浦和诺丁汉，使这些地区受到了严重的破坏。

4 月份的后半个月里，德国对英国的空袭达到一个新的高潮，考文垂、布里斯托尔、贝尔法斯特、朴次茅斯和普利茅斯都受到了猛烈的袭击。伦敦两次被袭，每次扔下的炸弹重量都比以前多，在这两次夜间的空袭中，有 2,000 多人丧生，14.8 万幢房屋被破坏或摧毁。

连续进行的大规模空袭，引起了英国民众的担心，他们普遍认为德国从海上全面入侵英国迫在眉睫。

英国人没有猜错，这些大规模空袭的确是入侵的前奏曲，但入侵的目标不是英伦之岛，而是从陆地和空中对苏联的全面入侵。

5 月初，戈林的总部发出了秘密命令，指示一直在进攻英国的德国轰炸机和战斗机主力部队准备转移到捷克斯洛伐克和波兰去，为"巴巴罗萨"行动做准备。"巴巴罗萨"是全面进攻苏联的行动代号。

然而，就在德国空军的飞行员打点行装、离开法国和北欧国家之前，他们接到了对英国发动最后一次大规模空袭的命令。

希特勒和戈林作出这一决定，一方面是为了声东击西，更好地隐蔽对苏联的全面入侵行

▶ 几支烛光、几束洁白的花朵，低垂着头的士兵正为那些在轰炸中丧生的人们祈祷。

动，另一方面，也是为了给英国人以最有力的警告。

在过去的一年时间里，皇家空军一直在袭击德国的城市，而且还轰炸过几次柏林。1941年5月初，皇家空军对柏林进行了猛烈的攻击，而且还袭击了汉堡、不来梅和埃姆登。纳粹的最高统帅部担心德国空军的主力在俄国作战时，英国人会加强对德国的袭击，因此想通过这次空前的轰炸让英国人知道，如果敢对德国胆大妄为，他们必将招致无情的报复。

对这次进攻最为热心的一个支持者是希特勒的外交部长里宾特洛甫。他是一名狂热的纳粹党徒，在大战爆发之前的几年里，曾任德国驻伦敦的大使。他在每年向国王乔治六世递交国书时，坚持行纳粹军礼并高呼"希特勒万岁"，因此受到了英国人民的痛恨。他在与英国政府和人民的所有交往中，都表现得像一个不可一世的恶霸，而英国人反过来则从不放过指责奚落他的机会。所以，里宾特洛甫比任何德国人都憎恨英国政府和人民，他把这场战争看成是报私仇的行动。

5月10日上午，里宾特洛甫在他的办公室以阴险的口气对他的助手说，元首已同意德国空军在撤回东部之前再对英国进行一次最后的打击，他说："这是最后一次轰炸，将是这次战争中最猛烈的一次。飞行员只有一个目标，"里宾特洛甫容光焕发，暗淡的眼睛露出凶光，歇斯底里地喊道，"伦敦！伦敦！伦敦！"

德国人把伦敦划分成三个轰炸区。在约翰内斯，芬克上校领导的轰炸机第2师将从法国北部康布雷附近的机场起飞，飞往伦敦东部。施塔尔上校的轰炸机第53师将从里尔区出发进攻伦敦的中部，而约希姆手下的轰炸机第4师将在荷兰的乌得勒支附近的索伊斯特堡集合，然后飞往伦敦南部和西部。

除了进攻某些战术战略目标之外，他们还奉命摧毁英国首都历史悠久的中心地区。参加这次进攻的有一个飞行员是25岁的奥地利中尉冯·西伯，他给自己选了一个目标——白金汉宫。后来他得到通知，这座宫殿已不在轰炸范围之外了，他完全可以尽全力对它实施攻击，第一个击中它的人将荣获骑士十字勋章，而且戈林将亲自为他佩戴。

5月10日下午，英国皇家空军指挥部、各高射炮兵部队、城市救援和消防系统等都接到了德军将进行大规模空袭的预报。这是"超级机密"的功劳。

在伦敦的消防局总部里，副局长杰克逊接到这个消息后预感到会有不同寻常的情况发生。他知道，今晚将是满月，而德国人喜欢在有月光的夜晚进攻，因为月光更便于他们的炮手看清向他们进攻的英国战斗机。杰克逊按下对讲机的一个按钮说道："所有的水泵今晚全部进入伦敦。我还要再加1,000部。全体人员都要守候在旁边，不许请假。有紧急情况。"

与此同时，在皇家空军的各战斗机基地，飞机已加满油、装满弹，地勤人员做好了各项技术检查，飞行员高度警惕地在休息室等候着。

在伦敦城的所有高炮阵地上，数量充足的炮弹被擦得锃亮，黑洞洞的炮口直指天空。

当晚10时15分，在本特利修道院皇家空军战斗机指挥部里，道丁的助手怀特告诉这位空军司令已发出了预备警报，敌机正向这边飞来。

道丁果断地命令：夜航战斗机全部起飞。

11时，空袭警报响彻伦敦上空。

11时30分，第二次世界大战中最后一次对英国首都的大规模轰炸开始了。一共有507架德国飞机参加了这次轰炸，它们在伦敦扔下了总重量为708吨的炸弹，而且全是致命的燃烧弹、烈性炸药弹和降落伞雷。

所有的高炮一齐开火，伦敦防空部队以大面积火力阻击网迎头痛击来犯之敌。一位亲临

▲ 英军士兵正在排除德军投掷的未爆炸的炸弹。

其境的德国飞行员说："现在你在伦敦上面飞时都用不着戴手套，他们的高射炮就能让你的手感到暖和。"

转眼之间，皇家空军的夜航战斗机就击落了 7 架德国飞机。这 7 架飞机中的一架，正是 25 岁的奥地利中尉冯·西伯驾驶的，他永远也无法实现他炸毁白金汉宫的美梦了。他本人也在跳伞着陆后做了英国人的俘虏。

密集的防空炮火使德国轰炸机飞得很高，这样它们就无法瞄准预定的攻击目标。但这也无妨，它们可以把炸弹随便扔在这个首都的什么地方。而对于人口稠密的英国政治文化中心城市伦敦来说，无论炸弹掉到市区的什么地方，都有可能造成严重的破坏。

这一次德国人轰炸的不仅是伦敦东区和市中心区，他们几乎在这个城市的每个区域都扔下了燃烧炸弹，冲天大火到处熊熊燃烧起来。副消防局长杰克逊的猜测是正确的，他召来的所有救火车和消防人员加起来都对付不了这场大火。而且，即使有更多的人和消防车，也没有足够的水。

伦敦消防局的一位分区长官布莱克斯通回忆说："炸弹开始落下来了，有很多很多，这可比我们以前看到的要厉害。一开始是消防队员和救火车不够用，后来虽然来了很多的消防队员和救火车，但是却没有水。这样，我们不得不用更长的时间才能控制住火势，因此造成了很大损失。"

布莱克斯通驱车前往泰晤士河，这时他看到，大火已蔓延到了纽文顿堤道和纽文顿巴茨以及新肯特路。

突然，一颗烈性炸弹落到了一辆救火车上，车被炸毁，有5名队员被炸死。他们躺在血泊之中，尸体一半在水槽里，一半在救火车上。看到这种惨景，布莱克斯通厉声喊道："把这些人抬走！"

这时，立即过来几个消防队员，把尸体抬到附近的斯奇普顿街，用帆布盖好。

烈性炸弹还在不停地往下落，不断有消防队员丧生或负伤。

一串炸弹落在了斯珀吉翁礼拜堂附近，在一群消防队员中爆炸。布莱克斯通回忆当时他所见到的情景时说："顿时，在我的眼里，似乎到处都是穿着蓝制服、脚穿防火靴的人。我们把死去的和受伤的人分开来，结果发现又有5人丧生。而那些受了伤还活着的人急需救护车。

▼ 英国先进的雷达系统是英国最终取胜的技术保证。

救火队员没有无线电设备，所以我们只好打电话求援。我们试遍了所有的电话亭以及四周建筑中的每一部电话，没有一条线路是通的。大家感到与外界隔离了——我们处在一个通讯全被切断的伟大城市的中心。最后，只好派一个骑兵通信员送信给总部，请求派救护车来。"

伦敦的许多建筑物在燃烧，整个夜空被大火照得如同白昼一般。据报告，当天晚上发生了2,200次火灾。有7处最大的火灾每处都烧掉了方圆4,000平方米的许多建筑。火势最大时，伦敦大约有280万平方米的地方在同时燃烧。

国会大厦、威斯敏斯特修道院、英国博物馆都遭到了轰炸。

一共有7颗烈性炸弹炸开了国会下院，楼上的走廊被炸塌，评论员们坐的绿色皮面长凳和发言人座的椅子全部被烧毁。

一颗炸弹击中了议院塔上的钟楼，大本钟被烧黑，上面有许多斑痕。但是这座古老的大钟主体结构没有被破坏，那著名的钟声一响也没有漏掉。

在威斯敏斯特修道院里，位于这个建筑中心的天空上的屋顶被燃烧弹烧着了，屋顶砸在唱诗台和礼拜堂上。威斯敏斯特大厅著名的橡木屋顶也被炸弹炸穿，曾经培养出琼森、德赖登、雷恩、本瑟姆和索锡的威斯敏斯特公学院也受到了严重的破坏。英国中世纪杰出的建筑样板——威斯敏斯特的主教宅邸也被摧毁。

英国博物馆的绝大多数珍藏已被转移，但是燃烧弹烧坏了图书收藏室，博物馆的埃及展厅也几乎全部被毁。

伦敦市中心区的所有教堂不是受到严重破坏就是被彻底摧毁。在河滨马路，伦敦最古老、最受人喜欢的一个教堂，圣克莱门特·戴恩斯教堂只剩下一片冒着细烟的废墟。那些多少年来一直响着一支古老儿歌的旋律的大铃铛——"橘子和柠檬说着圣克门特的铃铛"——在教堂垮掉时被摔碎了。

一共有5家医院被破坏，被破坏最严重的一所已经完全成了一片废墟。

有一个地铁站被火包围了，有人决定撤离那个地铁站，于是下面的人，绝大多数是妇女和儿童，都跑到起火的地区来了。他们踉踉跄跄地跑过来，母亲或祖母们或抱着孩子，或拖着跟在身后尖叫着的儿童。大火的灼热使他们发出惊恐的喊叫。

根据最后的统计，在这次空袭中，有1,436名伦敦人丧生，大约有1,800人受重伤。在幸存者看来，这几乎已超过了他们的承受能力。

在后来的许多天里，很多伦敦人走路时仍是一副半梦半醒的茫然样子，他们害怕还会有新的磨难。一位驻伦敦的美国记者，《芝加哥论坛报》的拉里·鲁说："我第一次开始感到担心，我开始认识到5月10日的空袭给伦敦人的生活造成了多么深刻的震动和撞击。"

一位伦敦妇女在日记中写道："刚听说威斯敏斯特大厅昨晚被炸，还有修道院和国会大厦。他们把屋顶救出来了一部分，但有一部分已经烧掉。修道院的天窗被毁。他们原以为大本钟也倒了。对这些灾难我说不出话来。我想我们一定是犯了什么严重的罪过才要我们做出这样的牺牲……肯定还会有破坏，听到敌人的珍贵东西也像这样被化为废墟我也不会得到什么满足。我不希望这样。"

另一位妇女写道："我记得我的朋友玛丽跟我说，当她第一次被炸出她的房间，失去了所有的衣服和财产时的心情——这是她第三次被炸出来了，她就对自己的东西完全不在乎了。灾难走出了一定的限度也就无所谓了，上帝会为被剃掉羊毛的羊羔挡住寒风，不幸也有好处。"

克林彼瑞是一个18岁的男孩，与家人一起住在度丁，他坚持写日记。一天晚上他这样写道："两颗燃烧弹落到我们附近的路面上，但警卫人员很快将小团火扑灭了。炸弹飞向每个角落，炸起的碎片四处横飞。午夜时分我们都进屋了，没有脱衣更难以入眠——当我躺下开始艰难地入睡时，忽然听见数以百计的飞机吼叫声，三四颗炸弹顷刻间落到我们附近，爆炸声震耳欲聋，仿佛鞭炮一般——嘣！喷出的火花发出嘶嘶的声响——这就是希特勒的大袭击。我意识到我今天下午已经看到的、现在还能听得到的收音机是人类历史上最大的空战的组成部分。我喜欢炸弹的咆哮声，它虽然单调乏味，缺少韵律，但它至少给了我们一个警报。那些隐蔽处外面的人们是怎样去寻找庇护所的呢？只有一句话能够形容它：疯狂而无目的的奔逃。那些尖叫声显然只有鬼魂幽灵才能叫出来！"

在5月10日以后的几周内，伦敦人没有受到新的轰炸。虽然丘吉尔和他的精英们通过"超级机密"已经知道德军不再向英国进行大规模空袭，但他们没有告诉英国人民。所以，伦敦市民们仍然整日生活在惶惶不安之中。

1941年6月22日，德军突然大规模入侵苏联。消息传来，许多英国人为苏联人感到难过，但也有许多人听到这个消息后兴高采烈。伦敦《晚报新闻》的通栏大标题写道："现在轮到莫斯科了。"伦敦人评论说："现在我们要看看他们怎么办。"

对于多数英国人来说，并不是一种幸灾乐祸的心态，他们所以兴高采烈是因为他们认为对英国的大规模轰炸结束了，德国从海上全面入侵英国几乎不可能了。

"我们胜利了！"英国人民奔走相告，语调里充满了骄傲，也有几分惊奇。

这胜利来之不易，他是用英国人民的勇气、智慧、毅力、苦难和鲜血凝成的！

在这胜利中起决定性作用的，是英国皇家空军艰苦卓绝的战斗！

"在人类战争的领域里，从来没有过这么少的人（飞行员）对这么多的人（英国民众）作过这么大的贡献！"

这是丘吉尔在下院的一次演讲中对皇家空军作出的高度评价。

第二次世界大战中规模最大的空战结束了。德国发动战役的目的是彻底征服英国，为征服整个欧洲扫除障碍，但它的目的没能实现，英国从此则成为欧洲抵抗运动和盟国反攻欧洲的基地。不列颠战役，是德国在第二次世界大战中首次失败的战役。

No.4　原始电子战

对于德国空军为何败在了英国皇家空军的手下，德国人贝克尔这样认为的：德国轰炸机在这次作战中显得太轻，太不结实，防御火力太弱，航程太短，载弹量太小；德国战斗机的数量太少，而且航程太短，担负不了为轰炸机护航和与敌机进行自由空战的双重任务；戈林和空军总司令部一次又一次地改变攻击目标，造成兵力分散，没有对重点目标实施连续不断的攻击；空袭，特别是夜间空袭的效果被大大地夸张了，使决策人不能正确判断敌人的真正实力，一再低估了皇家空军的力量，多次做出错误决策；英国雷达网遍布各地，可以事先知道德方的一切攻击活动，使德军的偷袭几乎无法成功；英国战斗机的损失率尽管较高，但由于大大加快了战斗机的生产（生产速度是德国的两倍以上），始终保持了较多的数量。

贝克尔所列举的这些原因，无疑都是客观的。但是，这些绝不是德军失败的全部原因。除了这些原因外，还有若干其他方面的原因，比如，德国发动侵略战争，失道寡助；英国人民万众一心，众志成城；皇家空军指挥有方，作战勇敢；等等。特别需要指出的是，英国在军事技术上所占有的巨大优势，对其夺取不列颠战役的胜利起到了重要作用。

恩格斯曾经指出："军队的全部组织和作战方式以及与之有关的胜负，取决于物质的即经济的条件，取决于人和武器这两种材料，也就是取决于居民的质与量和取决于技术。"战争的历史一次再一次证明，军事技术的对抗，对战争的进程和结局具有重大影响。20世纪初，当西方帝国主义国家以坚船利炮敲开中国大门的时候，中国人痛尝了军事技术落后的苦果。在1940年不列颠战役打响的时候，几乎没有人否认它是人类战争史上科技界最先进的航空技术和航海技术，而且还有战争中运用了雷达技术、电子对抗技术和密码破译技术等一系列先进技术，而恰恰是在这些先进技术领域，英国人走在了德国人的前头。

不列颠战役开始后不久，一些德国飞行员遇到一种令他们百思不得其解的现象。当时德国飞机还没有独立的机载导航设备，主要靠地面无线电定向信标导航，在过去他们根据地面提供的无线电信号对目标进行轰炸，命中率是比较高的。可是后来，他们仍然是根据地面指令飞行和轰炸，绝大多数的炸弹却不能命中目标，而且多数投在了荒山旷野。这是什么原因呢？直到吃了很大的亏以后德国人才搞清楚，原来，英国研制出了一系列的"梅康"电台，用于截获德军电台发出的信号，然后加以放大再发射出去，把德国飞机引入歧途。实际上，这就是一种电子干扰，也是最原始的电子战。

找到原因后，德国对其无线电设备进行改进，又研究出一种新的无线电射束，能够相当准确地把轰炸机引向目标上空。英国通过先进的无线电侦测手段截获了德军的无线电波，并建立起一些干扰电台，利用"分裂射束"法干扰德军的无线电射束，使德军飞机投掷的炸弹纷纷偏离目标。同时，由于信号受到干扰，给德军飞行员造成很大错觉，他们不是提前，就

▲ 丘吉尔在遭受德机轰炸后的伦敦街区视察。

是漫无边际地乱投炸弹。一名德国轰炸机飞行员在空中来回折腾了几圈，弄得晕头转向，竟误把英国的一个机场当作法国基地降落下来，稀里糊涂地当了英国人的俘虏。

在轰炸伦敦时，为了使飞机在夜间能够准确地投弹，德国研制了一种名叫"罗圈腿"的巧妙的无线电导航系统，安装在飞机上。有了这种系统，飞行员在飞机上可以从耳机里收到不断发出嗡嗡声的电波，这种声音是从法国沿岸的无线电发射塔发出的给飞行员导航的电波。如果飞机偏离了航线，飞行员就会听到一系列的短音和长音，从而使其可以根据这些声音修正航向。当飞机即将到达预定的目标时，另外一种频率不同的电波就会与第一种电波混在一起，使飞行员听到一种新的声音，此时飞行员便知道将要到达目标了。再过很短的一段时间后，飞机就会到达目标，飞行员便投下炸弹。这种"罗圈腿"系统的准确度在 2.6 平方公里之内。

当英国人得知德国的这种"罗圈腿"系统后，立即召集自己的科学专家研究对策。这些人组成了一个小组，名叫皇家空军第 80 号大队。研究工作全面展开了。一架架的飞机被派上天空去跟踪测定德国空军的电波系统，技术专家爬上英国南部沿岸 100 多米高的雷达塔上，在上面安装了临时的无线电接收器，监听"罗圈腿"系统的信号，确定电波的发射来源和频率。这些专家们犹如一个电子发明库，很快就研究出了能够有效对付德国人的手段，并采取了针锋相对的措施。

首先使用的是能够发射高频电波的医用透热器。这些透热器安装在目标地区各处的警察局和流动车里，当皇家空军战斗机指挥部报告说有敌机飞来时，这些透热器就全部打开。它们所发出的信号声音压过了敌人的信号，使德国飞行员无法听到"罗圈腿"系统的电波声。

不久，英国人又找到了更成熟的办法去干扰"罗圈腿"电波。他们利用自己的某些无线电指向台可以在电波频率中加进长长短短的摩斯密码，冒充"罗圈腿"信号，从而骗过德军飞行员，使他们偏离原定目标。

英国胜敌一筹的电子干扰技术，在不列颠战役中取得了巨大效果。一名英国军官亲眼目睹的一件事情很能说明问题。在德国人开始对伦敦轰炸后不久，英国国防部的克劳斯顿少校把妻子和 2 个孩子送到乡下去。在一片旷野之地，发生了一连串巨大的爆炸，沙石和尘土被炸得漫天飞扬。他数了一下，地面上一共留下 100 多枚炸弹爆炸的

大弹坑。令他感到十分惊讶的是，炸弹爆炸的地方前不着村、后不着店，距离任何市镇和居民区都有 15 公里以上，他怎么也弄不明白德国人搞的是什么鬼花样。后来才知道，这是英国电子干扰的结果。

这些技术上的成果不仅减少了德国空军所造成的破坏，而且还大大鼓舞了英军的士气。德军主持无线电射束研究的马蒂尼战后承认，他没有及早觉察到一场高频率战争已经开始，也过低估计了英国进行电子对抗的能力。

除了电子干扰技术之外，英国先进的雷达技术和密码破译技术，都为皇家空军的战机增添了强大的助推力量，使他们在与德国空军对抗中处于优势的地位。

耐人寻味的是，德国当时并不是在所有的军事技术领域都比英国差，比如，他们的雷达技术完全可以同英国的媲美。事实上，德国人的雷达技术一开始是走在英国人前面的，只是由于他们对自己的这一新技术成果未给予足够的重视，才慢慢落后，并吃了大亏。这种状况曾使当时的英国空军帕克将军发过一番感慨。他说："可真得感谢上帝，因为德国空军司令戈林对现代军事技术的运用并不娴熟。他并不真正懂得战争依赖于新的技术，并由此而引起的战术上的改变。这就大大束缚了他的手脚，使他在不列颠空战中依然沿袭陈旧的空中骑士的作战方式。否则，他们就不会失败得那么惨，而我们自然也不可能猎取那么大的战果。"

对于军事技术在战争中的作用，列宁曾经这样评价："战术是由军事技术水平决定的——这一真理恩格斯曾向马克思主义者作了详尽的解释。现在军事技术已经不是 19 世纪 50 年代那样了。用人群来抵挡大炮，用手枪防守街垒是愚蠢的事情。"恩格斯也说过："格里博瓦尔设计的较轻便的野炮架，它使野炮能以现在所要求的速度转移……如果没有这些进步，那么使用旧式武器是不能进行散兵战的。"

战争的历史已经反复证明，任何一位创造了战争新纪元的伟大将领，不是新的物质器材的发明者，便是以正确的方法运用他人以前所发明的新器材的第一人。

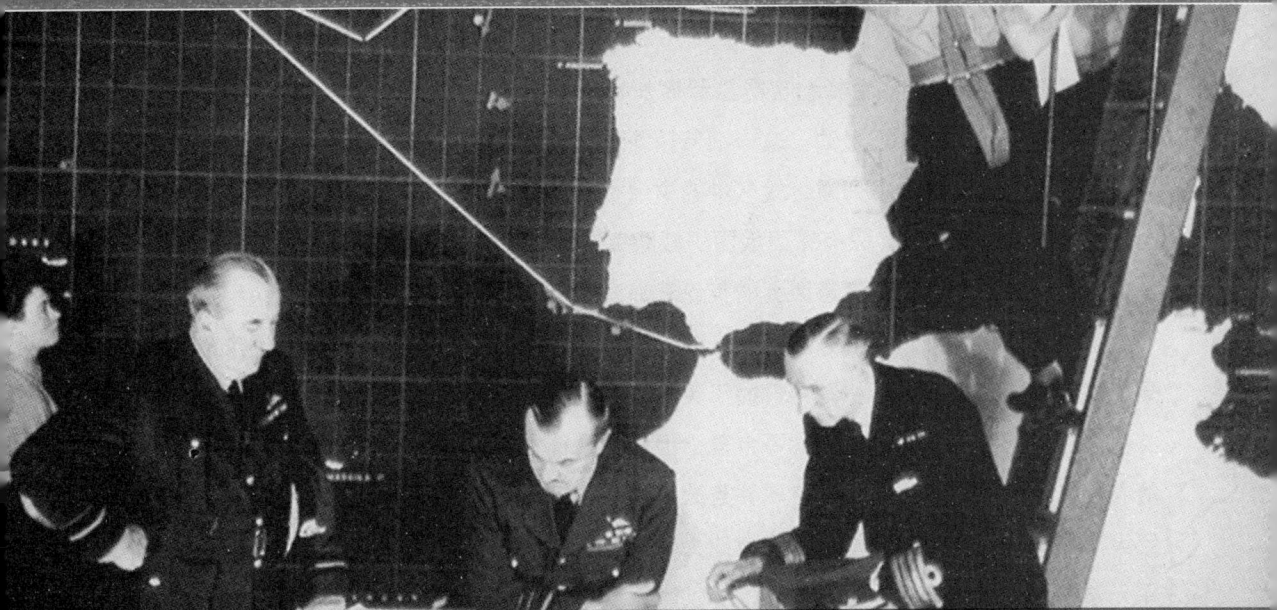

▲ 英国的战时指挥中心，是调度皇家空军的枢纽。

第十一章

制空权决定一切

　　不列颠空战廓清了战前空军理论的许多问题，夺取制空权
就是胜利，意大利军官杜黑曾经预言："制空权决定一切"，
这个预言在这次空战中首次得到了证实。另一方面这次会战实
际上已间接暗示了传统制海权对制空权的依赖。英国人和德国
人都十分重视空军的建设，但各有侧重，英国以保卫本土为宗旨，
所以重视战斗机种的发展。德国是大陆国家，深受陆军传统影响，
所以空军的建设侧重对地面装甲部队的支援，着力发展轰炸机。

No.1　德军的失败

1940 年 7 月 21 日，希特勒在同总参谋长哈尔德谈话时提出了同俄国作战的问题，尽管当时不列颠空战尚未真正发动。这一细节较深地反映了不列颠之战失败的根本原因。从大战略的角度看，德国在"不列颠之战"中的失败根本上受东西两面作战形势的牵制所致。从德国所处的中央位置来看，只有东面俄国的威胁存在，西面英伦三岛的威胁才能真正发生作用，如果不存在东面的威胁，孤悬海上的英伦三岛对德国并不存在致命的威胁，这种情况在拿破仑战争时代就出现过。但首先从哪个方向上下手，对希特勒来说却是个极其困难的选择。如果先彻底解决东面的俄国，则可打掉了英国人的幻想，在西面收不战而胜之功效。若先征服英伦三岛，全力对付苏联也未尝不合理，但前提是德国只能投入有限的空军来取得海峡上空的制空权。如果德国投入全部空军并且战术对头的话，把对英国的轰炸进行到底，即使消耗巨大，很有可能使英国空军丧失作战能力，德国登陆作战或许能够成功，但这种消耗将使空军无法承担而后对苏联作战的任务。所以，"海狮"计划的破产根本上受东面苏联的潜在制约所致，而"海狮"计划的破产导致德国最终陷于两面作战的困境。

德国空军的失败还在于战役目标的多变，最初攻击对方战斗机机场，以歼灭对方空中有生力量；转而改为攻击以飞机制造业为主的军工生产企业，以破坏对方的兵器生产能力；最后又改为专攻大城市以打击对方士气。没有自始至终把对英国战斗机部队的打击方针贯彻到底。因为，夺取制空权的关键是摧毁对方的空中有生力量，即消灭对方的战斗机部队。德军开始尚能集中攻击英国的战斗机机场，英国的战斗机部队在德军转移攻击目标前，也几乎接近崩溃的边缘，但是一个偶然的因素使希特勒决定改变攻击目标，把兵力集中到对伦敦等大城市的轰炸上，给英国战斗机部队以喘息的时间，从而丧失了击败英国空军的良机。如果德国在攻击目标上"一以贯之"，坚持打击英国战斗机部队，则德国以有限的空军夺取"不列颠之战"胜利的机会还是存在的。战后多数史家认为：希特勒对伦敦实施轰炸的命令拯救了英国。而德国空军的三个作战目标：消灭对方空军、摧毁飞机制造业、摧毁英国士气却一个也没实现。

德国空军的失败有诸多技术上的原因。一个重要原因是缺乏大兵团作战的经验。要取得制空权必须消灭英国的战斗机并摧毁战斗机机场，这就要使用轰炸机，而轰炸机则需要战斗机的护航。但在不列颠空战之前，德国空军从来没有进行过战斗机群大规模掩护轰炸机群作战的演习，两个机种配合默契程度较差，只是后期才有所改观，不过已无济于事。

相对英国来说，德国作战飞机质量较差也是失败的重要因素。德国使用的主要战斗机机种"梅－109"型的有效航程太短，它的真正活动半径包括来回距离只有 160 多公里，滞空时

▲ 德军战机准备起飞。

▼ 德军飞行员正在交流空战经验。

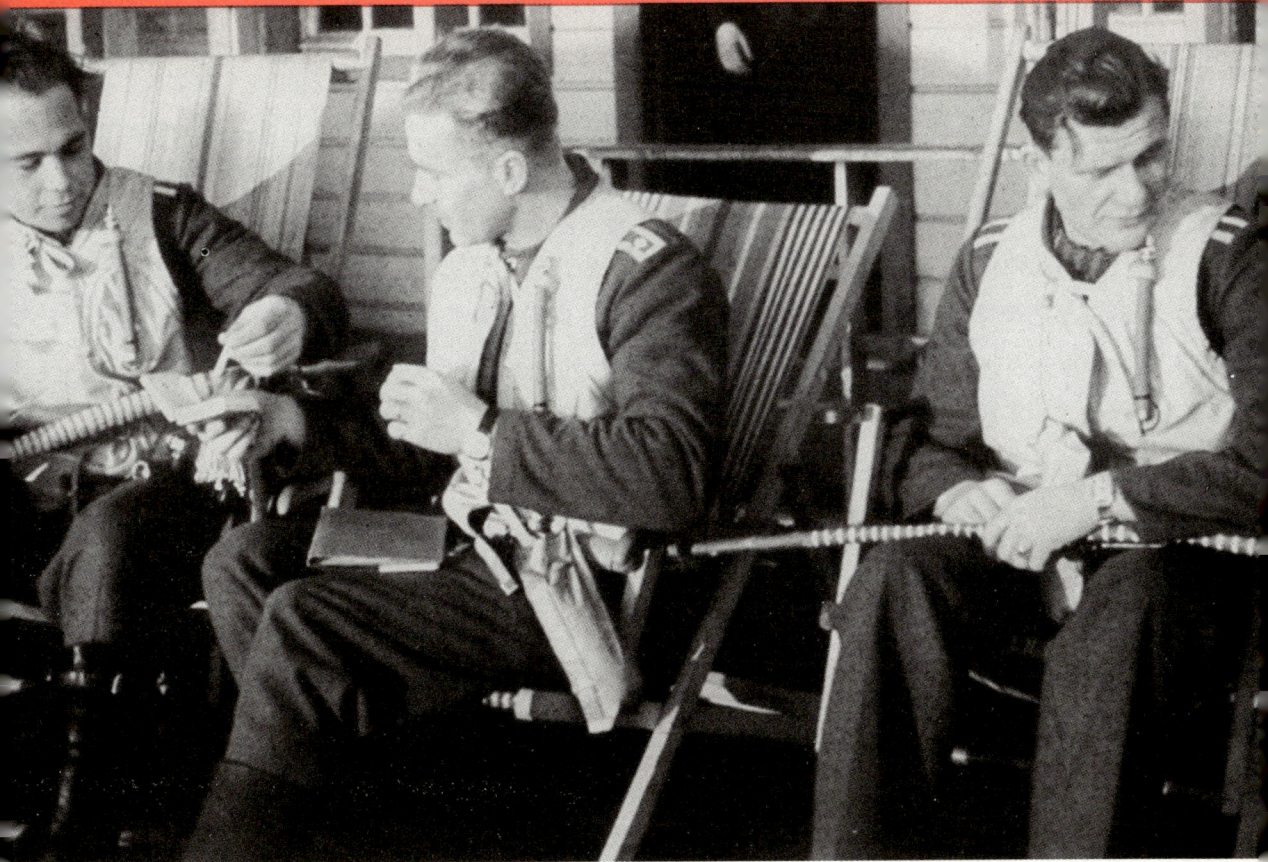

间总共才 95 分钟，从加来飞至伦敦只能作极短时间的战斗便要返航。"梅－109"型战斗机的起飞和降落在技术操作上难度很大，法国沿海机场都是匆匆建立的简陋机场，造成的困难也就更大。另一种型号的德国战斗机"梅－110"型时速为 480 多公里，既不灵活也不易加速，战斗中很容易被英国"喷火"式战斗机赶上，甚至它本身都需要"梅－109"型战斗机来保护。德国人原先想把"梅－110"型战斗机制成最先进的机种，但却遭到技术上的失败。德国战斗机的最大弱点是无线电装备的原始化，英国战斗机要先进许多，且德国战斗机群也无法由地面加以指挥控制。另外，德国轰炸机装备的火力太弱，只有几挺自由旋转的机枪，若无战斗机保护就无法抵抗英国战斗机的攻击。

德军在飞行员使用上明显不如英军，英国的战斗机驾驶员尽管损失较大，但往往能够非常合理地使用有限的人力资源。8 月初，道丁将军手下的飞行员增加到了 1,434 人，又从海军航空兵借到 68 人。英国空军训练部门每月可向前线输送约 260 名新飞行员，虽然新的飞行员缺乏经验，新的战斗机部队损失比老部队的大，但却能及时弥补不足。而且英国的战斗机飞行员的士气不断受到鼓舞和增强。相反，德国飞行航校培养的飞行员超过前线所需，但戈林却一向看不起战斗机机种，认为这个机种只能进行空中防御，它又用战斗机飞行员去补充轰炸机人员的损失，因而浪费了不少最佳的战斗机飞行员。在空战期间，战斗机飞行员通常一天要出动两三次，有时甚至达五次之多，不准有休息日，也不准前线单位实行轮调制，这就加重了战斗机部队的疲劳。到了 9 月份，战斗机部队的官兵对德军是否真会实施登陆作战产生了怀疑，觉得为假戏真做而牺牲太不值得，戈林又常常把作战失利归咎于战斗机部队缺乏朝气，因此他们的士气十分低落。由于战斗机与轰炸机之间缺乏配合，德国轰炸机往往攻击不到位，把炸弹胡乱扔在乡间田野就溜之大吉。在遭到对方战斗机攻击时，更是无法对抗而损失惨重。因此到了作战后期，轰炸机飞行员的士气已是一落千丈。

德国空军在判断对方损失时的计算经常发生错误，当然，作战双方都有夸大战果的趋向，但对德国人来讲，可能产生了更多的副作用。德国方面起初对英国空军实力的估计相当正确，但会战展开后，一方面把对方飞机生产量估计过低，认为英国战斗机每月生产量在 180 架到 300 架之间，实际上，在 8、9 月份，英国战斗机生产量在 460 架到 500 架之间。另一方面又把对方飞机损失量估计太高，所以因不断的计算错误而发生判断上的混乱。直到被击落的数字已经大大超过实际存在的数字，英国空军战斗力仍无减退，遂使德国飞行员士气大受影响。另外，德军将领还有这样一种习惯，当他们轰炸了一个英国战斗机机场时，就顺手用红铅笔把这个基地上的英国战斗机中队给划掉。导致这种做法有两个原因，一是空中摄影侦察的不可靠，二是对空中侦察结果作过分乐观的分析。比如，轰炸进行到 8 月 17 日，德军将领估计

▲ 德军飞机正在意大利的一个基地里补充弹药。

英国已经有 12 个战斗机机场被永久性摧毁了，但实际上只有曼斯顿的一个机场在较长时间内不能恢复使用。此外，德军又浪费了许多兵力来攻击英国东南部的机场，这些机场不在与之对抗的英国战斗机部队的作战序列中。同时，德国人也没有认识到英国空军指挥系统中的"分区指挥部"在指挥战斗机作战时所发挥的巨大作用，像设立在伯根山、肯里、合恩教会等地的"分区指挥部"的作战室都设立在地面上，非常危险，德国人居然不知道，虽然 8 月底德军对它们进行过一次猛烈轰炸，但因情况不明后来没有再继续下去。

气象原因对德军作战失利也是一个很大的影响，英吉利海峡上空的云层在夏季变化莫测，经常大雾迷漫。海峡上空的气候常常是不利于进攻一方，而对防守一方有利。因为地球旋转使得天气变化由西向东发展，所以英国人总是比德国人先知道气象情况。虽然德国方面已经能破译英国气象报告的无线电密码，但却没有好好加以利用，因而还是常常吃亏。尤其当轰炸机群与战斗机群在进行空中集结编队时，经常被意外的云层和恶劣的能见度所破坏。比如在法国北部和比利时上空突然出现的云层总是让轰炸机群赶不上同战斗机群汇合的时间，而战斗机油料有限，无法等待，只好临时去支援其他轰炸机群，结果某一轰炸机群得到了加倍掩护，而另一队轰炸机群却因没有战斗机掩护而损失惨重。入秋以后，气象条件变得更加恶劣，这种差错的机会也随之增多，所造成的损失也就更加惨重。

No.2 英军的胜利

英国空军总体实力不到德军的一半，但却最终获胜，其主要有下列几个原因：

战略上，英国早就预见到了英国生死存亡的关键取决于制空权的争夺，所以从 1940 年 5 月就开始有计划有目的地采取一切措施来加强防空，在指挥体制、防空兵力部署等方面做好充分的准备。而纳粹德国始终抱有诱使英国媾和的幻想，在外交和政治上展开了诱降活动，军事上的准备明显不足。而且德军统帅部一直都没有一个比较成熟完善的进攻方案，"海狮"计划也是仓促而就，缺乏必要的研究分析。即使在空袭开始后，希特勒也一直梦想通过空袭来迫使英国屈服，并未进行认真周密的登陆作战准备。更为严重的错误是德国在 7 月 16 日下达"海狮"计划指令，7 月 31 日却又决定进攻苏联，战略上如此三心二意，怎能不败？

武器装备上，德国空军装备的轰炸机绝大部分是俯冲轰炸机和轻、中型轰炸机，载弹量大，航程远的战略重轰炸机数量极少，根本无法承担起战略轰炸的重任。护航的战斗机又只有"梅－109"还能勉强与英军战斗机对抗，但受到航程的限制，作战中难以发挥应有的作用。英军虽然飞机数量少，但性能优秀，而且与雷达、高炮和拦阻气球组成了完整的防空体系，又是本土作战，几乎没有航程限制，大大抵消了数量上的劣势。尤其是英军建立了完善的雷达预警系统，可以有效发现来袭敌机的数量和方向等基本情况，避免了战斗机不必要的空中巡逻警戒，使战斗机起飞就是迎战，节约了大量人力、物力。

战术上，德国空军最大的失误就是在8月底，重点攻击英国空军基地和飞机制造厂，使英军损失惨重，精疲力竭，即将崩溃之时，却出于报复柏林遭受空袭的思想，转而空袭伦敦，致使英国空军获得了宝贵的喘息之机，迅速恢复战斗力，从而与不列颠之战的胜利失之交臂！英军在防空作战中，采取了统一指挥，集中使用，全面防御，突出重点的方针，以战斗机为主，结合使用高射炮、探照灯和拦阻气球，并且成纵深梯次配置。并及时改变战术，以5至7个中队组成大编队作战，空战中多采用尾随攻击、分割攻击、分进合击等战法，取得了胜利。

地理上，英国空军是本土作战，飞行员熟悉气候、地形，士气又高，特别是即使被击落，只要飞行员平安落地，还能回到部队继续参战。而德军飞机只要被击落，飞行员即便能够跳

▼ 英军飞行员在战斗间隙交流空战体会。

伞逃生，还是逃脱不了成为战俘的命运，就是所谓的人机俱失。

英国空军在本土作战，这就取得了防御上的优势，其飞机作战半径距离短，留空时间长，飞机距机场很近，可很快回去加完油再升空投入战斗。

英国空军使用的战术是专打德国轰炸机，尽量避免与德国战斗机作战，除非遇到护航的轰炸机群，才同对方战斗机格斗。

英国战斗机在作战中，没有掩护轰炸机的任务，比因护航需要而被迫保持在5,000～6,000米高度飞行的德国战斗机具有更大的自由度，如果发生战斗，英国战斗机常常占据有利的攻击位置。德国战斗机为了引诱英国战斗机进行一对一的格斗，往往悬挂炸弹来冒充轰炸机，这就降低了战斗性能，成了空中累赘。德国的双引擎战斗机因此遭到重大损失，以致无法进行补充。

英国空中防御还得益于高射炮部队的协同。战前，英国陆军当局眼光短浅，出于争取更多军费的考虑，反对扩充高射炮部队，后来也是勉强同意。从1937年到1939年，英国高射炮兵部队由2个师扩充到7个师，由派尔中将出任高射炮兵司令，对高射炮部队实行统一指挥。但陆军当局的干扰还是产生一些不利的影响，造成会战开始阶段高射炮数量一时不能满足作战需求。在整个作战过程中，英国集中了2,000多门轻型和重型高射炮，并配备了4,000多具探照灯。虽然这些高射炮真正打下的飞机不多，但被严重扰乱的德国轰炸机投弹的准确率大打折扣。

英国获胜的另一个重要因素是利用先进的雷达监视系统，来协助空中作战。德国飞机从西欧的一些基地刚起飞，它们的影子就在雷达的荧光屏上显示出来，它们的航程被精确地标出来后，又通过地面雷达站调整部署，指挥战斗机在最有利的时间和地点迎战德国空军。地面雷达站还可以与空中的飞行员保持联系，指挥空中战斗。德国人不久就认识到这些地面雷达站的重要性，曾全力进行打击，并使之受到严重破坏，但后来打击目标转向了伦敦，没有把这一攻击继续下去。希特勒改变攻击目标的命令和让装甲部队停在敦刻尔克外围的命令的性质是差不多的，都属指导战争时的重大失误。这些雷达站和"扇形站"在不列颠空战中的价值是难以估量的，这些雷达监视系统使德国空军的攻击丧失了突然性和隐蔽性，是导致德军失败的决定性因素之

一。这充分表明，将先进的科学技术及时转为军事技术的重要性。

这里要特别提一下德国空军对雷达技术的忽视。在希米德少校负责的空军情报部门的报告中，从未提及英国空军具有由雷达站、地面作战室和高频无线电网组成的严密而完整的防御系统。实际上，设在苏福克海岸的雷达站和沿海各处高大的雷达天线毫无保密可言，1938年，德国人就知道英国在进行雷达试验。在1940年5月，德国军队在布仑海滩曾俘获一套机动雷达站，但德国科学家却认为这种仪器很粗糙，而戈林对雷达的潜在价值更是毫无所知。直到7月份，德国沿法国海岸设立无线电监听站后，才判断出英国海岸雷达站发出的很奇异的信号是非常重要的。尽管如此，德国人还是远远没有估计到这些雷达站对作战的巨大影响，

▲ 在不列颠战役中英勇作战的波兰飞行员。

甚至当侦听英国战斗机群已经受到地面雷达站控制时也没有引起重视，反而认为这种由地面指挥系统来控制空中作战的方式非常僵化。

英国飞机生产的效率高也是英国取胜的重要因素。1939年5月上旬，在法兰西会战时，英国空军共有战斗机650架，在会战结束时已经损失了400多架，但到了7月中旬，又恢复到650架。这主要归功于费不罗克勋爵的努力，他在5月份出任丘吉尔内阁的飞机生产部部长后，就把战斗机生产量增加了两倍半，以致道丁将军把这种生产速度称为奇迹。在整个作战期间，英国飞机生产量远大于德国，英国飞机的年产量达到了4,283架，而德国的年产量刚过3,000架。

当然，英军也暴露出了一些问题，虽然空军力量并不强大，但却未将有限的轰炸机攻击德军的前沿机场，这是最大的失策。还有就是在前期空战中，由于道丁和派克主张小编队逐次参战，使英军常常在10倍、甚至20倍、30倍的悬殊劣势下与德机作战，蒙受了很多不必要的损失。

不列颠战役是人类战争史上首次空战战争，证明了战略性的大规模空袭将直接影响战争的进程，显示出制空权在现代化战争中的重要地位，并证明了防空的战略意义。

由于不列颠战役的胜利，英国得以保存下来，而英国的坚持抗战，把德军拖入了致命的长期持久战，而且成为日后英美反攻欧洲大陆的跳板，使德军陷入了两面作战的困境。

可以设想，如果不列颠之战中德军获胜，那很快就会实施登陆，只要德国陆军登上英伦三岛，英国就将彻底失败，以后即使美国参战，要想横渡大西洋收复欧洲大陆，简直是梦呓！接下去德军再全力进攻苏联，整个二次大战的历史就将全部改写，因此，不列颠之战绝对是战争的转折，随着德军飞机的纷纷坠地，就已经埋下了日后纳粹德国失败的伏笔！

对德国来说，这场空战仅仅是"海狮"计划的第一阶段，接下去还有陆军占领滩头阵地、巩固登陆场、进行陆上会战等阶段。事实说明，在没有夺取制空权的情况下，其他几个阶段的战斗根本无法实施。因此，不列颠空中会战给今天人们最大的启示是：没有制空权就无法进行渡海登陆作战。

不列颠空战廓清了战前空军理论的许多问题，夺取制空权就是胜利，意大利军官杜黑曾经预言："制空权决定一切"，这个预言在这次空战中首次得到了证实。另一方面这会战实际上已间接暗示了传统制海权对制空权的依赖。英国人和德国人都十分重视空军的建设，但各有侧重，英国以保卫本土为宗旨，所以重视战斗机种的发展，在法兰西会战中，英国在陆军惨败的情况下，没有把保卫本土的25个战斗机中队孤注一掷投入法国战场，为日后在空战中翻本，留下了本钱。德国是大陆国家，深受陆军传统影响，所以空军的建设侧重对地面装甲部队的支援，着力发展轰炸机。在不列颠空战中，英国人的战斗机优势充分体现了出来，而德国"斯图卡"式轰炸机尽管支援地面作战时效果极佳，但根本不适合用来作战略轰炸，特别在遭到英国皇家空军"飓风"式和"喷火"式战斗机攻击时，更是毫无招架之功。这表明，英国和德国在建设现代化空军时，都深深打上了各自军事传统的烙印，并对后来空军作战发生直接作用。推而广之，每个国家在建设现代化军种时，都会受其传统军事战略的影响，并对现代化军种而后的作战方式、作战效果产生直接的影响。

由于战争中还有许多问题悬而未决，因此，关于不列颠之战的胜负与其说是挫伤了纳粹侵略的锐气，倒不如说是英国保卫自由世界的决心没有动摇。况且德国空军并没有被消灭，它仍然存在，这使人们不可能用传统的方式在胜利者和失败者之间划一条明显的界线。然而，即使随着岁月的流逝，皇家空军飞行员的辉煌战绩也是磨灭不了的。任何理论家所作的学术分析都不能忽视这样一个事实，即英国空军仅以相当于一个步兵旅或一艘战舰乘员的兵力，保卫了整个英国免遭德国的入侵。

空战结束了。

飞机的轰鸣声远去了。

留下的是旷古的幽思。

大地在这里沉默，天空于此间无语。

战争，不知何时会消失……

图书在版编目（CIP）数据

鹰击不列颠 / 二战经典战役编委会编译 . — 北京：
中国铁道出版社，2016.6（2022.1 重印）
（时刻关注）
ISBN 978-7-113-21681-8

Ⅰ . ①鹰… Ⅱ . ①二… Ⅲ . ①第二次世界大战战役 —
空战 — 英国 — 通俗读物 Ⅳ . ① E561.9-49

中国版本图书馆 CIP 数据核字（2016）第 070660 号

书　　名：**鹰击不列颠**

作　　者：二战经典战役编委会

责任编辑：田　军　　　　　　　　电　话：（010）51873005

编辑助理：刘建玮

装帧设计：艺海晴空

责任印制：赵星辰

出版发行：中国铁道出版社有限公司（北京市西城区右安门西街 8 号　邮编 100054）

印　　刷：永清县晔盛亚胶印有限公司

版　　次：2016 年 6 月第 1 版　　　　2022 年 1 月第 2 次印刷

开　　本：787mm×1092mm　1/16　印张：12　字数：300 千字

书　　号：ISBN 978-7-113-21681-8

定　　价：39.80 元